Transformaciones lineales

Contenido

1 Definición de transformación

En un espacio vectorial, de cualquier dimensión, existen funciones que transforman un vector, convirtiéndolo en otro vector, pudiendo cambiarle de dimensión.

1.1 Ejemplo

Supongamos que estamos hablamos de una función que transforma un vector de R^3 a otro de R^2:

$$f(x_1;x_2;x_3) = (2x_1 + x_2; - x_3)$$

Hagamos varios ejemplos de transformación con esa función:

$$\vec{u} = (2;1;0) \Rightarrow f(\vec{u}) = (2{\cdot}2 + 1; - (0)) = (5;0)$$

$$\vec{v} = (-1;2;2) \Rightarrow f(\vec{v}) = (2{\cdot}(-1) + 2; - (2)) = (0; -2)$$

1.2 Otro ejemplo

Veamos otro ejemplo de transformación:

$$g(x_1;x_2;x_3) = (x_1 + x_3; 1 + x_2)$$

Valoremos los mismos vectores anteriores:

$$\vec{u} = (2;1;0) \Rightarrow g(\vec{u}) = (2 + 0; 1 + 1) = (2;2)$$

$$\vec{v} = (-1;3;2) \Rightarrow g(\vec{v}) = ((-1) + 2; 1 + 3) = (1;4)$$

1.3 Definición de transformación lineal

Se dice que una función f que transforma vectores del espacio vectorial E al E', es lineal, cuando se cumplen las siguientes propiedades:

Sea $f: E \to E'$

a) $\forall \vec{u}, \vec{v} \in E, f(\vec{u} + \vec{v}) = f(\vec{u}) + f(\vec{v})$

b) $\forall \vec{u}, \in E, f(\lambda\vec{u}) = \lambda f(\vec{u})$

1.3.1 Ejemplo

Analicemos las funciones anteriores para determinar si son lineales:

$$f(x_1;x_2;x_3) = (2x_1 + x_2; -x_3)$$

La primera propiedad es: $f(\vec{u} + \vec{v}) = f(\vec{u}) + f(\vec{v})$

Comenzamos con la suma de las transformaciones:

$$\vec{u} = (u_1;u_2;u_3) \Rightarrow f(\vec{u}) = (2u_1 + u_2; -u_3)$$

$$\vec{v} = (v_1;v_2;v_3) \Rightarrow f(\vec{v}) = (2v_1 + v_2; -v_3)$$

$$f(\vec{u}) + f(\vec{v}) = (2u_1 + u_2; -u_3) + (2v_1 + v_2; -v_3) == (2u_1 + u_2 + 2v_1 + v_2; -u_3 - v_3) \Rightarrow$$

$$((2u_1 + 2v_1) + (u_2 + v_2); -(u_3 + v_3)) = (2(u_1 + v_1) + (u_2 + v_2); -(u_3 + v_3))$$

Y ahora la transformación de la suma:

$$\begin{cases} \vec{u} = (u_1;u_2;u_3) \\ \vec{v} = (v_1;v_2;v_3) \end{cases} \Rightarrow \vec{u} + \vec{v} = (u_1 + v_1;u_2 + v_2;u_3 + v_3)$$

$$f(\vec{u} + \vec{v}) = f(u_1 + v_1;u_2 + v_2;u_3 + v_3) \Rightarrow$$

$$f(\vec{u} + \vec{v}) = (2(u_1 + v_1) + (u_2 + v_2); -(u_3 + v_3))$$

Nos da lo mismo, por lo que se cumple la primera propiedad.

La segunda propiedad es el producto del escalar: $f(\lambda\vec{u}) = \lambda f(\vec{u})$

$$\vec{u} = (u_1;u_2;u_3) \Rightarrow \lambda\vec{u} = (\lambda u_1;\lambda u_2;\lambda u_3)$$

$$\lambda f(\vec{u}) = \lambda(2u_1 + u_2; -u_3) = (\lambda 2u_1 + \lambda u_2; -\lambda u_3)$$

$$f(\lambda\vec{u}) = f(\lambda u_1;\lambda u_2;\lambda u_3) = (2\lambda u_1 + \lambda u_2; -\lambda u_3)$$

Al ser iguales, la segunda propiedad también se cumple. ¡Entonces, la función transformación f es lineal!

1.3.2 ejemplo

Veamos ahora la función g de arriba:

$$g(x_1;x_2;x_3) = (x_1 + x_3;1 + x_2)$$

Comencemos con la primera propiedad: $f(\vec{u} + \vec{v}) = f(\vec{u}) + f(\vec{v})$

Iniciamos con la suma de las transformaciones:

$$\vec{u} = (u_1;u_2;u_3) \Rightarrow f(\vec{u}) = (u_1 + u_3;1 + u_2)$$

$$\vec{v} = (v_1;v_2;v_3) \Rightarrow f(\vec{v}) = (v_1 + v_3; 1 + v_2)$$

$$g(\vec{u}) + g(\vec{v}) = (u_1 + u_3; 1 + u_2) + (v_1 + v_3; 1 + v_2) \Rightarrow$$

$$g(\vec{u}) + g(\vec{v}) = (u_1 + u_3 + v_1 + v_3; 1 + u_2 + 1 + v_2) \Rightarrow$$

$$g(\vec{u}) + g(\vec{v}) = ((u_1 + v_1) + (u_3 + v_3); 2 + (u_2 + v_2))$$

Y ahora se calculará la transformación de la suma de los vectores:

$$\begin{cases} \vec{u} = (u_1;u_2;u_3) \\ \vec{v} = (v_1;v_2;v_3) \end{cases} \Rightarrow \vec{u} + \vec{v} = (u_1 + v_1; u_2 + v_2; u_3 + v_3)$$

$$g(\vec{u} + \vec{v}) = ((u_1 + v_1) + (u_3 + v_3); 1 + (u_2 + v_2))$$

En este caso no son iguales los resultados obtenidos, por lo que la función no es lineal.

Aunque ya no es necesario para determinar si es lineal la función de transformación, procederé a probar la segunda propiedad: $f(\lambda\vec{u}) = \lambda f(\vec{u})$

$$\vec{u} = (u_1;u_2;u_3) \Rightarrow \lambda\vec{u} = (\lambda u_1; \lambda u_2; \lambda u_3)$$

$$\lambda g(\vec{u}) = \lambda(u_1 + u_3; 1 + u_2) = (\lambda u_1 + \lambda u_3; \lambda(1 + u_2))$$

Mientras que:

$$g(\lambda\vec{u}) = g(\lambda u_1; \lambda u_2; \lambda u_3) = (\lambda u_1 + \lambda u_3; 1 + \lambda u_3)$$

Como se puede observar, tampoco se cumple la segunda propiedad.

---

2   Matriz asociada a una transformación lineal

Veamos un ejemplo, en el que tenemos una función lineal que transforma a un elemento de un especio vectorial V a otro espacio vectorial W, mediante la función $f(\vec{X}) = \vec{Y} \therefore \vec{X} \in V \, y \, \vec{Y} \in W$.

$$f: R^3 \rightarrow R^3 : f(X_1;X_2;X_3) = (X_1 + X_2 + X_3; X_1 - X_2; 2X_2 - X_3)$$

Un ejemplo con un un vector:

$$f(1;0;-1) = (1 + 0 + (-1); 1 - 0; 2(0) - (-1)) = (0;1;1)$$

Gráficamente:

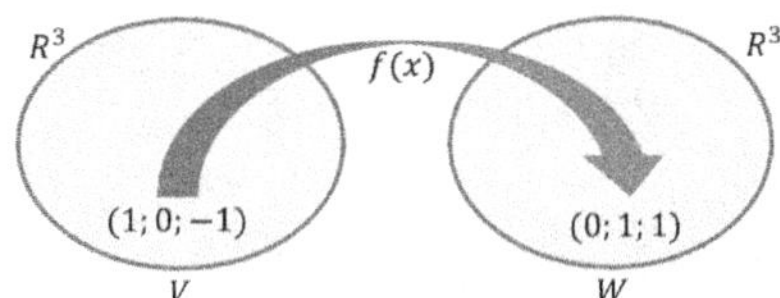

La transformación realizada al vector se puede representar por una matriz, llamada "matriz asociada", tal que:

$$T:V\to W \mid T(\vec{X}) = A\cdot\vec{X}$$

Donde A es la matriz asociada, y sus elementos son los coeficientes que acompañan a los elementos de la función:

$$A = \begin{pmatrix} 1x_1 & 1x_2 & 1x_3 \\ 1x_1 & -1x_2 & 0x_3 \\ 0x_1 & 2x_2 & -1x_3 \end{pmatrix}$$

Entonces, la función de transformación se puede escribir:

$$f:R^3\to R^3 : f(X_1;X_2;X_3) = \begin{pmatrix} 1 & 1 & 1 \\ 1 & -1 & 0 \\ 0 & 2 & -1 \end{pmatrix}\cdot\begin{pmatrix} X_1 \\ X_2 \\ X_3 \end{pmatrix}$$

Si probamos, esta nueva forma de escribir la fórmula, con el vector del ejercicio, nos debería dar lo mismo:

$$f(1;0;-1) = \begin{pmatrix} 1 & 1 & 1 \\ 1 & -1 & 0 \\ 0 & 2 & -1 \end{pmatrix}\cdot\begin{pmatrix} 1 \\ 0 \\ -1 \end{pmatrix} = \begin{pmatrix} 1+0-1 \\ 1+0+0 \\ 0+0+1 \end{pmatrix} = \begin{pmatrix} 0 \\ 1 \\ 1 \end{pmatrix}$$

2.1 Ejercicio.

Utilizando la función anterior, nos dicen que el vector transformado $f(\vec{X}) = (1;2;1)$, ¿cuál es el vector sin transformar $\vec{X}$?

Si sabemos que $f(\vec{X}) = A\cdot\vec{X}$, conocemos A y que $\vec{X}$ pertenece a R^3, tenemos:

$$f(\vec{X}) = \begin{pmatrix} 1 & 1 & 1 \\ 1 & -1 & 0 \\ 0 & 2 & -1 \end{pmatrix}\cdot\begin{pmatrix} X_1 \\ X_2 \\ X_3 \end{pmatrix} = \begin{pmatrix} 1 \\ 2 \\ 1 \end{pmatrix}$$

Esto no es más que un sistema de ecuaciones, el cual lo resolveremos con una matriz ampliada:

$$\begin{pmatrix} 1 & 1 & 1 & \vdots & 1 \\ 1 & -1 & 0 & \vdots & 2 \\ 0 & 2 & -1 & \vdots & 1 \end{pmatrix} \Rightarrow f2-f1 \Rightarrow \begin{pmatrix} 1 & 1 & 1 & \vdots & 1 \\ 0 & -2 & -1 & \vdots & 1 \\ 0 & 2 & -1 & \vdots & 1 \end{pmatrix} \Rightarrow$$

$$\begin{array}{c} = \\ = \\ f2+f3 \end{array} \Rightarrow \begin{pmatrix} 1 & 1 & 1 & \vdots & 1 \\ 0 & -2 & -1 & \vdots & 1 \\ 0 & 0 & -2 & \vdots & 2 \end{pmatrix}$$

De aquí se comienza a resolver:

$$(fila\ 3) \Rightarrow -2x_3 = 2 \Rightarrow x_3 = -1$$

$$(fila\ 2) \Rightarrow -2x_2 - x_3 = 1 \overset{Remplazo}{\Rightarrow} -2x_2 - (-1) = 1 \Rightarrow -2x_2 = 0 \Rightarrow x_2 = 0$$

$$(fila\ 1) \Rightarrow x_1 + x_2 + x_3 = 1 \overset{Remplazo}{\Rightarrow} x_1 + 0 + (-1) = 1 \Rightarrow x_1 = 2$$

Concluyendo que $\vec{X} = (2;0;-1)$

2.2 Ejercicio

$$f:R^3 \to R^2 \mid f(X_1;X_2;X_3) = (X_1 - X_2;2X_1)$$

La matriz asociada es la matriz que contiene los coeficientes:

$$A = \begin{pmatrix} 1 & -1 & 0 \\ 2 & 0 & 0 \end{pmatrix}_{2x3}$$

El orden de la matriz asociada es inverso a las dimensiones de los dominios.

2.3 Ejemplo

$$f:R^3 \to R^4 \mid f(X_1;X_2;X_3) = (X_2 - X_3;X_1 + X_3;X_1 + X_2;X_2 - X_3)$$

Al ver que la transformación lleva de $R^3\,a\,R^4$, nos indica que la matriz asociada será 4x3 (inversa).

$$A = \begin{pmatrix} 0 & 1 & -1 \\ 1 & 0 & 1 \\ 1 & 1 & 0 \\ 0 & 1 & -1 \end{pmatrix}_{4x3}$$

2.4 Otro ejemplo

$$Dado\ f:R^3 \to R^3 \mid f(X_1;X_2;X_3) = \begin{pmatrix} 1 & 0 & 1 \\ -1 & 0 & 0 \\ 0 & 1 & 1 \end{pmatrix} \cdot \vec{X}$$
, identificar la expresión funcional.

$$\begin{pmatrix} 1 & 0 & 1 \\ -1 & 0 & 0 \\ 0 & 1 & 1 \end{pmatrix} \cdot \begin{pmatrix} X_1 \\ X_2 \\ X_3 \end{pmatrix} = \begin{pmatrix} 1 \cdot X_1 + 0 \cdot X_2 + 1 \cdot X_3 \\ -1 \cdot X_1 + 0 \cdot X_2 + 0 \cdot X_3 \\ 0 \cdot X_1 + 1 \cdot X_2 + 1 \cdot X_3 \end{pmatrix} = \begin{pmatrix} X_1 + X_3 \\ -X_1 \\ X_2 + X_3 \end{pmatrix}$$

La respuesta sería: $f:R^3 \rightarrow R^3 \mid f(X_1;X_2;X_3) = (X_1 + X_3; - X_1;X_2 + X_3)$

---

3   Núcleo de una transformación lineal

Se denomina núcleo de una transformación lineal al conjunto de vectores del dominio de partida, que, al transformarse, resultan en el vector nulo del dominio destino.

$$Nu(f) = \left\{ \vec{X} \in V \mid T(\vec{X}) = 0_W \right\}$$

Nu(f) es un subespacio, por lo que tendrá una base y una dimensión.

Una representación gráfica de lo dicho arriba es la siguiente:

Supongamos $f:R^2 \rightarrow R^3$ que

$f(1;2) = (0;0;0)$

$f(0;1) = (0;0;0)$

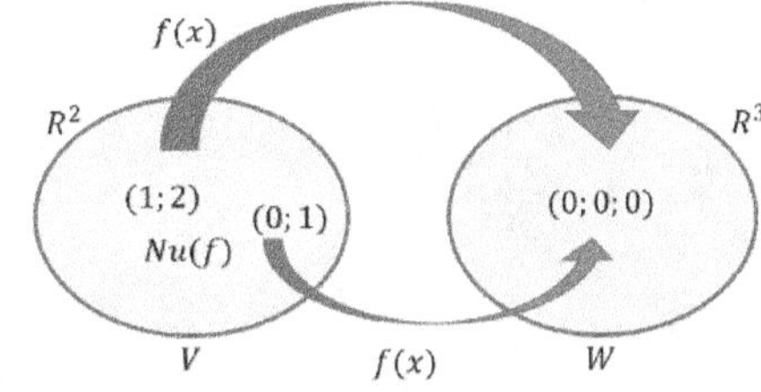

3.1   Buscar el núcleo

Utilicemos un ejemplo:

$$f:R^3 \rightarrow R^3 \mid f(X_1;X_2;X_3) = (X_1 + X_2 + X_3;X_1 - X_2;2X_2 + X_3)$$

Entonces, el núcleo está formado por todos los vectores que se transforman en el vector nulo, por lo que igualaremos el resultado al vector nulo.

$$f(\vec{X}) = \begin{pmatrix} 1 & 1 & 1 \\ 1 & -1 & 0 \\ 0 & 2 & 1 \end{pmatrix} \cdot \begin{pmatrix} X_1 \\ X_2 \\ X_3 \end{pmatrix} = \begin{pmatrix} 0 \\ 0 \\ 0 \end{pmatrix}$$

Esto produce un sistema de ecuaciones con los términos independientes igual a cero, por lo que es un sistema homogéneo, por lo que existe, al menos una solución, pudiendo decir que toda transformación lineal tiene un núcleo.

$$\left(\begin{array}{ccc:c} 1 & 1 & 1 & 0 \\ 1 & -1 & 0 & 0 \\ 0 & 2 & 1 & 0 \end{array}\right) f_2 - f_1 \Rightarrow \left(\begin{array}{ccc:c} 1 & 1 & 1 & 0 \\ 0 & -2 & -1 & 0 \\ 0 & 2 & 1 & 0 \end{array}\right) f_3 + f_2 \Rightarrow$$

$$\left(\begin{array}{ccc:c} 1 & 1 & 1 & 0 \\ 0 & -2 & -1 & 0 \\ 0 & 0 & 0 & 0 \end{array}\right)$$

$(f_2): -2x_2 - x_3 = 0 \Rightarrow x_3 = -2x_2$

$(f_1): x_1 + x_2 + x_3 = 0 \Rightarrow x_1 + x_2 - 2x_2 = 0 \Rightarrow x_1 - x_2 = 0 \Rightarrow x_1 = x_2$

$\vec{X} = (x_1; x_2; x_3) \overset{remplazar}{\Rightarrow} \vec{X} = (x_2; x_2; -2x_2) \Rightarrow \vec{X} = x_2(1; 1; -2)$

Base del núcleo: $[Nu(f)] = \{(1; 1; -2)\}$

Dim Nu(f) = 1

3.2 Ejemplo

$f: R^3 \to R^3 \mid f(X_1; X_2; X_3) = (X_1 + X_3; X_2 + 2X_3; -X_1 + X_3)$

La matriz asociada multiplicada por el dominio:

$$f(\vec{X}) = \begin{pmatrix} 1 & 0 & 1 \\ 0 & 1 & 2 \\ -1 & 0 & 1 \end{pmatrix} \cdot \begin{pmatrix} X_1 \\ X_2 \\ X_3 \end{pmatrix} = \begin{pmatrix} 0 \\ 0 \\ 0 \end{pmatrix}$$

La matriz ampliada:

$$\begin{pmatrix} 1 & 0 & 1 & \vdots & 0 \\ 0 & 1 & 2 & \vdots & 0 \\ -1 & 0 & 1 & \vdots & 0 \end{pmatrix} f_3 + f_1 \Rightarrow \begin{pmatrix} 1 & 0 & 1 & \vdots & 0 \\ 0 & 1 & 2 & \vdots & 0 \\ 0 & 0 & 2 & \vdots & 0 \end{pmatrix} \Rightarrow$$

Como es un sistema homogéneo y es compatible determinado, por tener la misma cantidad de ecuaciones que de incógnitas, se obtiene que la solución es la trivial: (0;0;0).

El núcleo está formado por (0;0;0) y la dimensión es 0:

No hay Base del núcleo, por ser un punto $y\ Dim\ Nu(f) = 0$

3.3 Otro ejemplo

$f: R^3 \to R^2 \mid f(X_1; X_2; X_3) = (X_1 - X_2; X_2 + X_3)$

La matriz asociada multiplicada por el dominio:

$$f(\vec{X}) = \begin{pmatrix} 1 & -1 & 0 \\ 0 & 1 & 1 \end{pmatrix} \cdot \begin{pmatrix} X_1 \\ X_2 \\ X_3 \end{pmatrix} = \begin{pmatrix} 0 \\ 0 \end{pmatrix}$$

La matriz ampliada ya está escalonada:

$$\begin{pmatrix} 1 & -1 & 0 & \vdots & 0 \\ 0 & 1 & 1 & \vdots & 0 \end{pmatrix} \Rightarrow X_2 + X_3 = 0 \Rightarrow X_2 = -X_3$$

$$X_1 - X_2 = 0 \Rightarrow X_1 = X_2 \Rightarrow \overline{X} = (X_2; X_2; -X_2) \Rightarrow \overline{X} = X_2 \cdot (1;1;-1) \Rightarrow$$

$$Nu(f) = \{(1;1;-1)\} \ y \ Dim \ Num(f) = 1$$

Recuerda que la dimensión del núcleo tiene que ser menor que la dimensión del espacio vectorial de partida.

---

4 Imagen de una transformación lineal

La imagen de una transformación lineal es:

$$Img(f) = \{Y \in W \mid T(X) = Y\}$$

Dicho de otra forma: la imagen de una transformación lineal es el subespacio vectorial del especio vectorial de llegada, formado por todos los vectores resultantes de la transformación.

Al ser un subespacio, es posible encontrar la base y la dimensión.

4.1 Ejemplo

$$f:R^3 \to R^3 \mid f(X_1; X_2; X_3) = (X_1 + X_2; X_1 - X_3; X_1 + 2X_2 + X_3)$$

La matriz asociada multiplicada por el dominio y lo igualo con un vector del espacio vectorial de llegada:

$$f(\vec{X}) = \begin{pmatrix} 1 & 1 & 0 \\ 1 & 0 & -1 \\ 1 & 2 & 1 \end{pmatrix} \cdot \begin{pmatrix} X_1 \\ X_2 \\ X_3 \end{pmatrix} = \begin{pmatrix} Y_1 \\ Y_2 \\ Y_3 \end{pmatrix}$$

La matriz ampliada:

$$\begin{pmatrix} 1 & 1 & 0 & \vdots & Y_1 \\ 1 & 0 & -1 & \vdots & Y_2 \\ 1 & 2 & 1 & \vdots & Y_3 \end{pmatrix} \begin{matrix} f_2 - f_1 \\ f_3 - f_1 \end{matrix} \Rightarrow \begin{pmatrix} 1 & 1 & 0 & \vdots & Y_1 \\ 0 & -1 & -1 & \vdots & Y_2 - Y_1 \\ 0 & 1 & 1 & \vdots & Y_3 - Y_1 \end{pmatrix} f_3 + f_2 \Rightarrow$$

$$\begin{pmatrix} 1 & 1 & 0 & \vdots & Y_1 \\ 0 & -1 & -1 & \vdots & Y_2 - Y_1 \\ 0 & 0 & 0 & \vdots & Y_3 - Y_1 + (Y_2 - Y_1) \end{pmatrix} \Rightarrow \begin{pmatrix} 1 & 1 & 0 & \vdots & Y_1 \\ 0 & -1 & -1 & \vdots & Y_2 - Y_1 \\ 0 & 0 & 0 & \vdots & Y_3 - 2Y_1 + Y_2 \end{pmatrix}$$

Es importante tener en cuenta que el sistema final debe ser compatible, ya que para cada vector de origen nos tiene que dar un vector de llegada. Al ser compatible, podría ser determinado (una solución) o indeterminado (infinitas soluciones).

Entonces, la parte ampliada de la tercera fila debe valer cero, para que se pueda dar el caso de que 0 + 0 + 0 = 0, si diera un número, sería absurdo.

Entonces, el sistema tiene la condición: $Y_3 - 2Y_1 + Y_2 = 0 \Rightarrow Y_2 = 2Y_1 - Y_3$

Y desde aquí se genera la base:

$$Y = (y_1;y_2;y_3) \Rightarrow Y = (y_1;2y_1 - y_3;y_3) \Rightarrow Y = y_1(1;2;0) + y_3(0; -1;1))$$

$[\grave{\text{I}}mg(f)] = \{(1;2;0);(0; -1;1)\}\ y\ Dim\ Img(f) = 2$

4.2 Otra forma de resolver el ejercicio

$$f:R^3 \rightarrow R^3\ |\ f(X_1;X_2;X_3) = (X_1 + X_2;X_1 - X_3;X_1 + 2X_2 + X_3)$$

Sabemos que el vector $(X_1 + X_2;X_1 - X_3;X_1 + 2X_2 + X_3)$ pertenece a la imagen, ya que representa la transformación.

Podemos traducirlo como la suma de vectrores multiplicados por los X_i:

$$X_1(1;1;1) + X_2(1;0;2) + X_3(0; -1;1)$$

Los tres generadores de la imagen obtenidos requieren de una verificación de que sean linealmente independientes, aspecto que, si obtuvimos en el método anterior, en el que se obtuvo a partir de la conversión en matriz escalonada.

Verificar si son L.I. con Gauss:

$$\begin{pmatrix} 1 & 1 & 1 \\ 1 & 0 & 2 \\ 0 & -1 & 1 \end{pmatrix} f_2 - f_1 \Rightarrow \begin{pmatrix} 1 & 1 & 1 \\ 0 & -1 & 1 \\ 0 & -1 & 1 \end{pmatrix} f_3 - f_2 \Rightarrow \begin{pmatrix} 1 & 1 & 1 \\ 0 & -1 & 1 \\ 0 & 0 & 0 \end{pmatrix}$$

Se elimina la última fila, por ser ceros, que indica que es una combinación lineal de las otras dos, quedando los dos vectores generadores:

$[\grave{\text{I}}mg(f)] = \{(1;1;1);(0; -1;1)\}\ y\ Dim\ Img(f) = 2$

Fijaros que el resultado obtenido no es exactamente el del método anterior, pero, si, en el resultado del segundo método, le restáramos al primer generador el segundo, (1; 1; 1) – (0; -1; 1), resultaría (1;2;0) que es valor que teníamos en el primer método, es decir que, las bases obtenidas con los dos métodos son las mismas.

4.3 Otro ejemplo

$$f:R^3 \rightarrow R^3\ |\ f(X_1;X_2;X_3) = (2X_1 + X_3;X_2 + X_3;2X_1 + X_2)$$

La matriz asociada multiplicada por el dominio y lo igualo con un vector del espacio vectorial de llegada:

$$f(\vec{X}) = \begin{pmatrix} 2 & 0 & 1 \\ 0 & 1 & 1 \\ 2 & 1 & 0 \end{pmatrix} \cdot \begin{pmatrix} X_1 \\ X_2 \\ X_3 \end{pmatrix} = \begin{pmatrix} Y_1 \\ Y_2 \\ Y_3 \end{pmatrix}$$

La matriz ampliada:

$$\begin{pmatrix} 2 & 0 & 1 & : & Y_1 \\ 0 & 1 & 1 & : & Y_2 \\ 2 & 1 & 0 & : & Y_3 \end{pmatrix} f_3 - f_1 \Rightarrow \begin{pmatrix} 2 & 0 & 1 & : & Y_1 \\ 0 & 1 & 1 & : & Y_2 \\ 0 & 1 & -1 & : & Y_3 - Y_1 \end{pmatrix} f_3 - f_2 \Rightarrow$$

$$\begin{pmatrix} 2 & 0 & 1 & : & Y_1 \\ 0 & 1 & 1 & : & Y_2 \\ 0 & 0 & -2 & : & Y_3 - Y_1 - Y_2 \end{pmatrix}$$

El sistema obtenido es compatible determinado, por lo que cada elemento del espacio de partida no produce un elemento distinto del espacio de llegada, entonces, muestra imagen es todo el espacio de llegada: R^3, por lo que se puede emplear la base canónica, con dimensión 3:

$$Img(f) = R^3, \; [\grave{\text{I}}mg(f)] = \{(1;0;0);(0;1;0);(0;0;1)\} \; y \; Dim \, Img(f) = 3$$

4.4 Otro ejemplo

$$f:R^3 \rightarrow R^2 \mid f(X_1;X_2;X_3) = (X_1 - X_2;X_2 + X_3)$$

La matriz asociada multiplicada por el dominio y lo igualo con un vector del espacio vectorial de llegada:

$$f(\vec{X}) = \begin{pmatrix} 1 & -1 & 0 \\ 0 & 1 & 1 \end{pmatrix} \cdot \begin{pmatrix} X_1 \\ X_2 \\ X_3 \end{pmatrix} = \begin{pmatrix} Y_1 \\ Y_2 \end{pmatrix}$$

La matriz ampliada:

$$\begin{pmatrix} 1 & -1 & 0 & : & Y_1 \\ 0 & 1 & 1 & : & Y_2 \end{pmatrix}$$

Ya la matriz está escalonada, y es un sistema compatible indeterminado, ya que tenemos 2 ecuaciones y 3 incógnitas.

En este caso no se puede establecer ninguna condición, como se estableció en un ejercicio anterior, en el que toda la fila de abajo tenía ceros. Al no hacer ninguna condición, la imagen es todo el espacio vectorial de llegada:

$$Img(f) = R^2, \; [\grave{\text{I}}mg(f)] = \{(1;0);(0;1)\} \; y \; Dim \, Img(f) = 2$$

$$f:R^2 \to R^4 \mid f(X_1;X_2) = (X_1 - X_2;X_1 + X_2;X_1;2X_1 - X_2)$$

La matriz asociada multiplicada por el dominio y lo igualo con un vector del espacio vectorial de llegada:

$$f(\vec{X}) = \begin{pmatrix} 1 & -1 \\ 1 & 1 \\ 1 & 0 \\ 2 & -1 \end{pmatrix} \cdot \begin{pmatrix} X_1 \\ X_2 \end{pmatrix} = \begin{pmatrix} Y_1 \\ Y_2 \\ Y_3 \\ Y_4 \end{pmatrix}$$

La matriz ampliada:

$$\begin{pmatrix} 1 & -1 & : & Y_1 \\ 1 & 1 & : & Y_2 \\ 1 & 0 & : & Y_3 \\ 2 & -1 & : & Y_4 \end{pmatrix} \begin{matrix} \\ f_2 - f_1 \\ f_3 - f_1 \\ f_4 - 2f_1 \end{matrix} \Rightarrow \begin{pmatrix} 1 & -1 & : & Y_1 \\ 0 & 2 & : & Y_2 - Y_1 \\ 0 & 1 & : & Y_3 - Y_1 \\ 0 & 1 & : & Y_4 - 2Y_1 \end{pmatrix} \begin{matrix} \\ 2f_3 - f_2 \\ 2f_4 - f_3 \end{matrix} \Rightarrow$$

$$\begin{pmatrix} 1 & -1 & : & Y_1 \\ 0 & 2 & : & Y_2 - Y_1 \\ 0 & 0 & : & 2Y_3 - 2Y_1 - Y_2 + Y_1 \\ 0 & 0 & : & 2Y_4 - 4Y_1 - Y_2 + Y_1 \end{pmatrix} \Rightarrow \begin{pmatrix} 1 & -1 & : & Y_1 \\ 0 & 2 & : & Y_2 - Y_1 \\ 0 & 0 & : & 2Y_3 - Y_1 - Y_2 \\ 0 & 0 & : & 2Y_4 - 3Y_1 - Y_2 \end{pmatrix}$$

Para que sea un sistema compatible, debemos igualar las dos últimas líneas a cero:

$$2Y_3 - Y_1 - Y_2 = 0 \Rightarrow 2Y_3 = Y_1 + Y_2 \Rightarrow Y_3 = \frac{1}{2}Y_1 + \frac{1}{2}Y_2$$

$$2Y_4 - 3Y_1 - Y_2 \Rightarrow 2Y_4 = 3Y_1 + Y_2 \Rightarrow Y_4 = \frac{3}{2}Y_1 + \frac{1}{2}Y_2$$

Armamos la base:

$$Y = (Y_1;Y_2;Y_3;Y_2) \Rightarrow Y = (Y_1;Y_2;\frac{1}{2}Y_1 + \frac{1}{2}Y_2;\frac{3}{2}Y_1 + \frac{1}{2}Y_2) \Rightarrow$$

$$Y = Y_1\left(1;0;\frac{1}{2};\frac{3}{2}\right) + Y_2\left(0;1;\frac{1}{2};\frac{1}{2}\right)$$

Como estos valores provienen de la matriz escalonada, sabemos que son L.I., por lo que se puede identificar la base y la dimensión:

$$[\text{Ìmg}(f)] = \left\{ \left(1;0;\frac{1}{2};\frac{3}{2}\right); \left(0;1;\frac{1}{2};\frac{1}{2}\right) \right\} \text{ y } Dim\ Img(f) = 2$$

5 Teorema de las dimensiones

Dada una transformación lineal f que lleva del espacio vectorial V al W, la dimensión de V es igual a la suma de las dimensiones del núcleo y de la imagen de f.

$$f:V \rightarrow W \ entonces \dim (V) = \dim Nu(f) + \dim Img(f)$$

Esto nos permite determinar si el ejercicio es correcto.

5.1 Ejemplo

$$f:R^3 \rightarrow R^3 \mid f(X_1;X_2;X_3) = (X_1 - X_3;X_1 + X_2 + 2X_3;X_2 + 3X_3)$$

La matriz asociada y la ampliamos con un vector de ceros, para el núcleo y con un vector genérico de Y para la imagen:

$$f(\vec{X}) = \begin{pmatrix} 1 & 0 & -1 & : & 0 & : & Y_1 \\ 1 & 1 & 2 & : & 0 & : & Y_2 \\ 0 & 1 & 3 & : & 0 & : & Y_3 \end{pmatrix}$$

Y buscamos la matriz escalonada:

$$\begin{pmatrix} 1 & 0 & -1 & : & 0 & : & Y_1 \\ 1 & 1 & 2 & : & 0 & : & Y_2 \\ 0 & 1 & 3 & : & 0 & : & Y_3 \end{pmatrix} f_2 - f_1 \Rightarrow \begin{pmatrix} 1 & 0 & -1 & : & 0 & : & Y_1 \\ 0 & 1 & 3 & : & 0 & : & Y_2 - Y_1 \\ 0 & 1 & 3 & : & 0 & : & Y_3 \end{pmatrix} f_3 - f_2 \Rightarrow$$

$$\Rightarrow \begin{pmatrix} 1 & 0 & -1 & : & 0 & : & Y_1 \\ 0 & 1 & 3 & : & 0 & : & Y_2 - Y_1 \\ 0 & 0 & 0 & : & 0 & : & Y_3 - Y_2 + Y_1 \end{pmatrix}$$

Para dar con el núcleo, obviamos la última columna y vemos que tenemos un sistema compatible indeterminado, ya que son 2 ecuaciones con tres incógnitas.

$$Según \ fila \ 2: X_2 + 3X_3 = 0 \Rightarrow X_2 = -3X_3$$

$$Según \ fila \ 1: X_1 - X_3 = 0 \Rightarrow X_1 = X_3$$

$$\bar{X} = (X_1;X_2;X_3) \overset{Remplazamos}{\Rightarrow} \bar{X} = (X_3; -3X_3;X_3) \Rightarrow \bar{X} = X_3(1; -3;1)$$

$$[Nu(f)] = \{(1; -3;1)\} \ y \ Dim \ Nu(f) = 1$$

Ahora buscamos la imagen, para lo que el sistema debe ser compatible. Esto significa que se debe cumplir la condición: $Y_3 - Y_2 + Y_1 = 0$

La condición del sistema es: $Y_3 = Y_2 - Y_1$

El vector Y genérico: $Y = (Y_1; Y_2; Y_2 - Y_1) \overset{separamos}{\Rightarrow} Y = Y_1(1; 0; -1) + Y_2(0; 1; 1)$

La base de la imagen y su dimensión:

$[Img(f)] = \{(1; 0; -1); (0; 1; 1)\} \; y \; Dim \; Img(f) = 2$

Verificamos el teorema, recordando que la dimensión del espacio de partida es 3:

$\dim (V) = \dim Nu(f) + \dim Img(f) \Rightarrow 3 = 1 + 2$

5.2   Ejercicio

$f{:}R^2 \to R^4 \mid f(X_1; X_2) = (X_1 + X_2; 2X_1 + X_2; X_1 + 3X_2; X_1)$

La matriz asociada y la ampliamos con un vector de ceros, para el núcleo y con un vector genérico de Y para la imagen:

$$\begin{pmatrix} 1 & 1 & : & 0 & : & Y_1 \\ 2 & 1 & : & 0 & : & Y_2 \\ 1 & 3 & : & 0 & : & Y_3 \\ 1 & 0 & : & 0 & : & Y_4 \end{pmatrix}$$

Busquemos la matriz escalonada:

$$\begin{pmatrix} 1 & 1 & : & 0 & : & Y_1 \\ 2 & 1 & : & 0 & : & Y_2 \\ 1 & 3 & : & 0 & : & Y_3 \\ 1 & 0 & : & 0 & : & Y_4 \end{pmatrix} \begin{matrix} f_2 - 2f_1 \\ f_3 - f_1 \\ f_4 - f_1 \end{matrix} \Rightarrow \begin{pmatrix} 1 & 1 & : & 0 & : & Y_1 \\ 0 & -1 & : & 0 & : & Y_2 - 2Y_1 \\ 0 & 2 & : & 0 & : & Y_3 - Y_1 \\ 0 & -1 & : & 0 & : & Y_4 - Y_1 \end{pmatrix} \begin{matrix} f_3 + 2f_2 \\ f_4 - f_2 \end{matrix} \Rightarrow$$

$$\begin{pmatrix} 1 & 1 & : & 0 & : & Y_1 \\ 0 & -1 & : & 0 & : & Y_2 - 2Y_1 \\ 0 & 0 & : & 0 & : & Y_3 - Y_1 + 2Y_2 - 4Y_1 \\ 0 & 0 & : & 0 & : & Y_4 - Y_1 - Y_2 + 2Y_1 \end{pmatrix} \Rightarrow \begin{pmatrix} 1 & 1 & : & 0 & : & Y_1 \\ 0 & -1 & : & 0 & : & Y_2 - 2Y_1 \\ 0 & 0 & : & 0 & : & Y_3 + 2Y_2 - 5Y_1 \\ 0 & 0 & : & 0 & : & Y_4 + Y_1 - Y_2 \end{pmatrix}$$

Para el núcleo, resolvemos el sistema:

Fila 2: $-X_2 = 0 \Rightarrow X_2 = 0$

Fila 1: $X_1 + X_2 = 0 \Rightarrow X_1 = -X_2 \Rightarrow X_1 = 0$

El núcleo esta formado por el vector nulo, por lo que no hay base y la dimensión del núcleo es cero:

$Nu(f) = \{(0; 0)\} \; y \dim Nu(f) = 0$

Según el teorema de las dimensiones, como la dimensión del espacio de origen es 2, y dado que la dimensión del núcleo es 0, entonces, la dimensión de la imagen deberá ser 2. Comprobemos:

La imagen tiene que cumplir con dos condiciones, para que sea un sistema compatible:

$$Y_3 + 2Y_2 - 5Y_1 = 0 \Rightarrow Y_3 = -2Y_2 + 5Y_1$$

$$Y_4 + Y_1 - Y_2 = 0 \Rightarrow Y_4 = -Y_1 + Y_2$$

El vector Y genérico:

$$Y = (Y_1; Y_2; -2Y_2 + 5Y_1; -Y_1 + Y_2) \overset{separamos}{\Rightarrow} Y = Y_1(1; 0; 5; -1) + Y_2(0; 1; -2; 1)$$

La base de la imagen y su dimensión:

$$[Img(f)] = \{(1; 0; 5; -1); (0; 1; -2; 1)\} \; y \; Dim \; Img(f) = 2$$

Como era de esperar, por el teorema, la dimensión de la imagen es 2.

5.3   Otro método para la imagen

Recordando el enunciado:

$$f{:}R^2 {\rightarrow} R^4 \mid f(X_1; X_2) = (X_1 + X_2; 2X_1 + X_2; X_1 + 3X_2; X_1)$$

Creamos la matriz asociada:

$$M(f) = \begin{pmatrix} 1 & 1 \\ 2 & 1 \\ 1 & 3 \\ 1 & 0 \end{pmatrix}$$

Este tercer método para calcular la imagen requiere que hagamos la transpuesta de la matriz asociada:

$$[M(f)]^t = \begin{pmatrix} 1 & 2 & 1 & 1 \\ 1 & 1 & 3 & 0 \end{pmatrix}$$

Y aplicamos Gauss:

$$\begin{pmatrix} 1 & 2 & 1 & 1 \\ 1 & 1 & 3 & 0 \end{pmatrix} \overset{f2-f1}{\Rightarrow} \begin{pmatrix} 1 & 2 & 1 & 1 \\ 0 & -1 & 2 & -1 \end{pmatrix}$$

Las dos filas, que son linealmente independientes, representan vectores generadores de la imagen:

$$[Img(f)] = \{(1; 2; 1; 1); (0; -1; 2; -1)\} \; y \; Dim \; Img(f) = 2$$

6   Clasificación de las transformaciones lineales

Dada una $f: V \rightarrow W$

F es **monomorfismo**, que es decir que f es **inyectiva**, cuando la dimensión del núcleo es 0, lo que significa que el núcleo está formado por el vector nulo. $\dim Nu(f) = 0, Nu(f) = \{0_w\}$

F es **epimorfimo**, que es decir que f es **sobreyectiva** o **subyectiva**, la dimensión del espacio de llegada debe ser igual a la dimensión de la imagen de la transformación línea. $\dim W = \dim Img(f)$

F es **isomorfismo**, que es decir que f es **biyectiva**, por lo que debe cumplir las dos características anteriores, inyectiva y subyectiva, entonces ocurre que el núcleo es el vector nulo y la imagen es de la misma dimensión que el espacio de llegada. $\dim Nu(f) = 0, Nu(f) = \{0_v\}$ y $\dim W = \dim Img(f)$

F es un **endomorfismo**, cuando el espacio vectorial de partida es el mismo que el de llegada.

F es **automorfismo** si cumple que f es isomorfismo y, además, es endomorfismo.

6.1   Ejemplos

$$f: R^3 \rightarrow R^3 \mid f(X_1; X_2; X_3) = (X_1; X_1 + X_2; X_1 + X_2 + X_3)$$

Se puede ver que la transformación es un endomorfismo, ya que los espacios de salida y llegada son los mismos.

La matriz asociada y la ampliamos con un vector de ceros, para el núcleo, y escalonamos:

$$\begin{pmatrix} 1 & 0 & 0 & \vdots & 0 \\ 1 & 1 & 0 & \vdots & 0 \\ 1 & 1 & 1 & \vdots & 0 \end{pmatrix} \begin{matrix} f_2 - f_1 \\ f_3 - f_1 \end{matrix} \Rightarrow \begin{pmatrix} 1 & 0 & 0 & \vdots & 0 \\ 0 & 1 & 0 & \vdots & 0 \\ 0 & 1 & 1 & \vdots & 0 \end{pmatrix} f_3 - f_2 \Rightarrow \begin{pmatrix} 1 & 0 & 0 & \vdots & 0 \\ 0 & 1 & 0 & \vdots & 0 \\ 0 & 0 & 1 & \vdots & 0 \end{pmatrix}$$

Como el sistema homogéneo y tenemos la misma cantidad de ecuaciones que de incógnitas, tenemos un sistema compatible determinando con una única solución, por lo que el núcleo es el vector nulo, y que la dimensión del núcleo es 0.

Por el teorema de las dimensiones, tenemos que la dimensión de la imagen debe ser la dimensión del espacio de salida, es decir 3, que es la misma dimensión que el de llegada.

La transformación lineal es:

- Monoformismo, ya que el núcleo es el vector nulo

- Epimorfismo, ya que la dimensión de la imagen es la dimensión del espacio de llegada

- Isomorfismo, ya que cumple las dos anteriores,

- Endomorfismo, ya que los espacios de salida y llegada son el mismo, y

- Automorfismo, por ser los dos de arriba.

Si el enunciado de un problema dice que la transformación es una automorfismo, ya sabemos que cumple con todo lo dicho arriba. Es más, al describir la transformación con uno de estos términos, entonces, ya podemos asumir varios de los valores, sin necesidad de realizar las operaciones.

6.2   Ejercicio

Recordando el enunciado:

$$f:R^2 \to R^3 \mid f(X_1;X_2) = (-X_1 + X_2; X_1 + 3X_2; X_1 - X_2)$$

Vamos a buscar el núcleo:

$$\begin{pmatrix} -1 & 1 & \vdots & 0 \\ 1 & 3 & \vdots & 0 \\ 1 & -1 & \vdots & 0 \end{pmatrix} \begin{matrix} f_2 + f_1 \\ f_3 + f_1 \end{matrix} \Rightarrow \begin{pmatrix} -1 & 1 & \vdots & 0 \\ 0 & 4 & \vdots & 0 \\ 0 & 0 & \vdots & 0 \end{pmatrix}$$

Resolvemos el sistema. Como sabemos que es homogéneo y como tenemos la misma cantidad de ecuaciones que incógnitas, entonces el núcleo es el vector nulo, y tiene dimensión 0.

Por el teorema de las dimensiones:

$$\dim V = \dim Nu(f) + dim\,Img(f) \Rightarrow 2 = 0 + \dim Img(f)$$

La dimensión de la imagen es 2, que es distinta a la dimensión del espacio de llegada.

En conclusión:

- Si es Monoformismo, ya que el núcleo es el vector nulo.

- No es Epimorfismo, ya que la dimensión de la imagen (2) NO es la dimensión del espacio de llegada (3).

- NO es Isomorfismo, ya que NO es epimorfirsmo,

- No es Endomorfismo, ya que los espacios de salida y llegada NO son el mismo, y

- No es Automorfismo, por NO ser ni Isomorfismo ni Endomorfismo.

6.3 Otro ejemplo

Hallar el valor de k, que pertenece a los reales, para que la transformación f NO sea un monomorfismo.

$$f:R^3 \rightarrow R^3 \mid M(f) = \begin{pmatrix} -2 & 1 & 0 \\ -5 & 1 & k \\ -8 & k & 2 \end{pmatrix}$$

Al no ser monomorfismo, significa que el núcleo debe distinto del vector nulo (0;0;0). Esto quiere decir que el sistema resultante debe ser compatible indeterminado, por lo que el determinante de la matriz de la transformación debe ser cero.

Calcular el determinante, igualarlo a cero, y se obtiene el valor de k (Laplace):

$$\begin{vmatrix} -2 & 1 & 0 \\ -5 & 1 & k \\ -8 & k & 2 \end{vmatrix} = k \cdot (-1)^{2+3} \cdot \begin{vmatrix} -2 & 1 \\ -8 & k \end{vmatrix} + 2 \cdot (-1)^{3+3} \cdot \begin{vmatrix} -2 & 1 \\ -5 & 1 \end{vmatrix} = 0$$

$$-k \cdot [-2k - (-8)] + 2[-2 - (-5)] = 2k^2 - 8k + 6 = 0 \Rightarrow \begin{cases} k = 3 \\ k = 1 \end{cases}$$

Si k vale 3 o 1, entonces el determinante de la matriz asociada sería cero, lo que significa que hay filas linealmente dependientes, obteniendo así un núcleo distinto al vector nulo.

---

7 Transformación lineal inversa

La transformación lineal inversa de f es una transformación lineal que deshace lo que ha hecho f.

$Dada\ f:V \rightarrow W \mid f(V) = M(f) \cdot V$

Para que pueda haber una transformación lineal inversa, debe ocurrir que:

$$f\ sea\ isomorfismo: \begin{cases} \dim Nu(f) = 0 \Rightarrow |M(f)| \neq 0 \\ \dim W = \dim Img(f) \end{cases}$$

Entonces, la tranformación lineal inversa de f:

$$f^{-1} : W \rightarrow V \mid f^{-1}(\overline{W}) = [M(f)]^{-1} \cdot \overline{W}$$

Es decir, habría que hallar la matriz asociada inversa.

7.1 Ejemplo

$f:R^2 \to R^2 \mid f(X_1;X_2) = (X_1;X_1 + X_2)$

$$\begin{pmatrix} 1 & 0 & \vdots & 0 \\ 1 & 1 & \vdots & 0 \end{pmatrix} f_2 - f_1 \Rightarrow \begin{pmatrix} 1 & 0 & \vdots & 0 \\ 0 & 1 & \vdots & 0 \end{pmatrix}$$

Solución trivial, por lo que el núcleo es el vector nulo: $Nu(f) = \{(0;0)\}$ y dim $Nu(f) = 0$.

Al aplicar el teorema de las dimensiones:

dim $V = $ dim $Nu(f) + dim\, Img(f) \Rightarrow 2 = 0 + $ dim $Img(f)$

La dimensión de la imagen es 2, que es la misma que la del espacio de llegada.

La transformación es isomorfismo.

Ahora tendríamos que buscar la matriz inversa a la matriz asociada.

$$\begin{pmatrix} 1 & 0 & \vdots & 1 & 0 \\ 1 & 1 & \vdots & 0 & 1 \end{pmatrix} f_2 - f_1 \Rightarrow \begin{pmatrix} 1 & 0 & \vdots & 1 & 0 \\ 0 & 1 & \vdots & -1 & 1 \end{pmatrix}$$

La matriz inversa es:

$$[M(f)]^{-1} = \begin{pmatrix} 1 & 0 \\ -1 & 1 \end{pmatrix}$$

$$f^{-1}:R^2 \to R^2 \mid f^{-1}(X_1;X_2) = \begin{pmatrix} 1 & 0 \\ -1 & 1 \end{pmatrix} \cdot \begin{pmatrix} X_1 \\ X_2 \end{pmatrix} \Rightarrow (X_1; -X_1 + X_2)$$

7.2 Ejercicio

$f:R^3 \to R^3 \mid f(X_1;X_2;X_3) = (X_1 - X_2;X_1 + X_2 + X_3;X_2 + X_3)$

$$M(f) = \begin{pmatrix} 1 & -1 & 0 \\ 1 & 1 & 1 \\ 0 & 1 & 1 \end{pmatrix}$$

Veamos la dimensión del núcleo:

$$\begin{vmatrix} 1 & -1 & 0 \\ 1 & 1 & 1 \\ 0 & 1 & 1 \end{vmatrix} = 1 \cdot (-1) \cdot \begin{vmatrix} 1 & -1 \\ 0 & 1 \end{vmatrix} + 1 \cdot (1) \cdot \begin{vmatrix} 1 & -1 \\ 1 & 1 \end{vmatrix} =$$

$-1 \cdot [1 - 0] + 1 \cdot [1 - (-1)] = -1 + 2 = 1 \neq 0$

Por el teorema de las dimensiones:

dim $V = $ dim $Nu(f) + dim\, Img(f) \Rightarrow 3 = 0 + $ dim $Img(f)$

Nos da que la dimensión de la imagen es la misma que la de llegada, por lo que es isomorfismo, y tiene inversa.

Para encontrar la inversa:

$$[M(f)]^{-1} = \begin{pmatrix} 1 & -1 & 0 & : & 1 & 0 & 0 \\ 1 & 1 & 1 & : & 0 & 1 & 0 \\ 0 & 1 & 1 & : & 0 & 0 & 1 \end{pmatrix} f_2 - f_1 \Rightarrow$$

$$\begin{pmatrix} 1 & -1 & 0 & : & 1 & 0 & 0 \\ 0 & 2 & 1 & : & -1 & 1 & 0 \\ 0 & 1 & 1 & : & 0 & 0 & 1 \end{pmatrix} \begin{matrix} \frac{f_2}{2} \\ \\ 2f_3 - f_2 \end{matrix} \Rightarrow \begin{pmatrix} 1 & -1 & 0 & : & 1 & 0 & 0 \\ 0 & 1 & \frac{1}{2} & : & -\frac{1}{2} & \frac{1}{2} & 0 \\ 0 & 0 & 1 & : & 1 & -1 & 2 \end{pmatrix} f_2 - \frac{1}{2} f_3$$

$$\Rightarrow \begin{pmatrix} 1 & -1 & 0 & : & 1 & 0 & 0 \\ 0 & 1 & 0 & : & -1 & 1 & -1 \\ 0 & 0 & 1 & : & 1 & -1 & 2 \end{pmatrix} f_1 + f_2 \Rightarrow \begin{pmatrix} 1 & 0 & 0 & : & 0 & 1 & -1 \\ 0 & 1 & 0 & : & -1 & 1 & -1 \\ 0 & 0 & 1 & : & 1 & -1 & 2 \end{pmatrix}$$

$$[M(f)]^{-1} = \begin{pmatrix} 0 & 1 & -1 \\ -1 & 1 & -1 \\ 1 & -1 & 2 \end{pmatrix}$$

$$f^{-1}:R^3 \to R^3 \mid f^{-1}(X_1;X_2;X_3) = (X_2 - X_3; -X_1 + X_2 - X_3; X_1 - X_2 + 2X_3)$$

   Otro ejemplo

Dada la siguiente función:

$$f:R^4 \to R^4 \mid f(X_1;X_2;X_3;X_4) = (X_1 + X_3; X_1 + X_2 + X_3; X_2 + X_3; X_1 + X_2 + X_4)$$

Hallar $f^{-1}(1;2;1;0)$. Es decir, buscar el vector del que proviene esta imagen.

Primero debemos ver si existe la inversa, por lo que vamos a ver si es un isomorfismo mediante el determinante:

$$\begin{vmatrix} 1 & 0 & 1 & 0 \\ 1 & 1 & 1 & 0 \\ 0 & 1 & 1 & 0 \\ 1 & 1 & 0 & 1 \end{vmatrix} \begin{matrix} C_4 \\ \Rightarrow \end{matrix} 1 \cdot (-1)^{par} \cdot \begin{vmatrix} 1 & 0 & 1 \\ 1 & 1 & 1 \\ 0 & 1 & 1 \end{vmatrix} = [1 + 1 + 0] - [0 + 0 + 1] = 1 \neq 0$$

La transformación f es un monomorfismo $\to \dim Nu(f) = 0 \to \dim Img(f) = 4$ y coincide con la dimensión del espacio de llegada. Entonces, la función es un isomorfismo y admite transformación lineal inversa.

Una forma es buscar la matriz inversa de la matriz asociada a f, y multiplicarla por el vector del dominio. Para no buscar dicha inversa, veamos lo siguiente:

$$f^{-1}(1;2;1;0) = \bar{v} \Rightarrow f(\bar{v}) = (1;2;1;0)$$

Y lo podemos resolver siguiendo el método empleado para hallar el núcleo, solo que, en lugar de colocar el vector nulo en la apliación de la matriz, colocamos el del enunciado:

$$\left(\begin{array}{cccc:c}1 & 0 & 1 & 0 & 1\\1 & 1 & 1 & 0 & 2\\0 & 1 & 1 & 0 & 1\\1 & 1 & 0 & 1 & 0\end{array}\right)\begin{array}{l}f_2-f_1\\ \\f_4-f_1\end{array}\Rightarrow\left(\begin{array}{cccc:c}1 & 0 & 1 & 0 & 1\\0 & 1 & 0 & 0 & 1\\0 & 1 & 1 & 0 & 1\\0 & 1 & -1 & 1 & -1\end{array}\right)\begin{array}{l}f_3-f_2\\ \\f_4-f_2\end{array}\Rightarrow$$

$$\left(\begin{array}{cccc:c}1 & 0 & 1 & 0 & 1\\0 & 1 & 0 & 0 & 1\\0 & 0 & 1 & 0 & 0\\0 & 0 & -1 & 1 & -2\end{array}\right)f_4+f_3\Rightarrow\left(\begin{array}{cccc:c}1 & 0 & 1 & 0 & 1\\0 & 1 & 0 & 0 & 1\\0 & 0 & 1 & 0 & 0\\0 & 0 & 0 & 1 & -2\end{array}\right)\Rightarrow$$

$$\begin{cases}\qquad f_4{:}v_4=-2\\ \qquad f_3{:}v_3=0\\ \qquad f_2{:}v_2=1\\ f_1{:}v_1+v_3=1\Rightarrow v_1+0=1\Rightarrow v_1=1\end{cases}\Rightarrow v=(1;1;0;-2)$$

---

8   Composición de transformaciones lineales

Dadas las funciones:

$$f{:}R^n\rightarrow R^m\mid f(X)=M(f)\cdot X$$

$$g{:}R^m\rightarrow R^p\mid g(X)=M(g)\cdot X$$

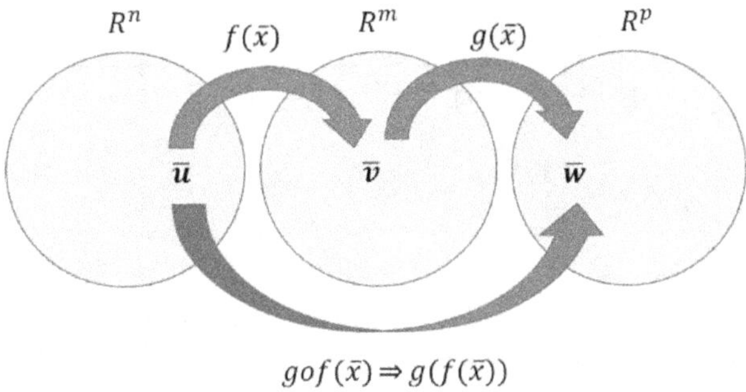

Entonces:

$$gof{:}R^n\rightarrow R^p\mid gof(X)=M(g)_{pxm}\cdot M(f)_{mxn}\cdot X$$

8.1   Ejemplo

Dadas las funciones:

$$f{:}R^3\rightarrow R^3\mid M(f)=\begin{pmatrix}2 & 1 & 2\\1 & 0 & 0\\1 & 3 & 0\end{pmatrix}y$$

$g:R^3 \to R^3 \mid g(X) = (3X_1 - X_2; X_1 + 2X_2 + X_3; X_2 + X_3)$

Calcular gof(1;2;1)

Sabemos que:

$gof:R^3 \to R^3 \mid gof(X) = M(g)_{3x3} \cdot M(f)_{3x3} \cdot X$

Como ya tenemos la matriz de f, nos toca buscar la matriz de g:

$$M(g) = \begin{pmatrix} 3 & -1 & 0 \\ 1 & 2 & 1 \\ 0 & 1 & 1 \end{pmatrix}$$

Y ahora resolver el producto de matrices:

$$M(g) \cdot M(f) = \begin{pmatrix} 3 & -1 & 0 \\ 1 & 2 & 1 \\ 0 & 1 & 1 \end{pmatrix}\begin{pmatrix} 2 & 1 & 2 \\ 1 & 0 & 0 \\ 1 & 3 & 0 \end{pmatrix} \Rightarrow$$

$$\begin{pmatrix} (3\cdot2 + (-1)\cdot1 + 0\cdot1) & (3\cdot1 + (-1)\cdot0 + 0\cdot3) & (3\cdot2 + (-1)\cdot0 + 0\cdot0) \\ (1\cdot2 + 2\cdot1 + 1\cdot1) & (1\cdot1 + 2\cdot0 + 1\cdot3) & (1\cdot2 + 2\cdot0 + 1\cdot0) \\ (0\cdot2 + 1\cdot1 + 1\cdot1) & (0\cdot1 + 1\cdot0 + 1\cdot3) & (0\cdot2 + 1\cdot0 + 1\cdot0) \end{pmatrix}$$

$$\begin{pmatrix} (6-1) & (3) & (6) \\ (2+2+1) & (1+3) & (2) \\ (1+1) & (3) & (0) \end{pmatrix} \Rightarrow \begin{pmatrix} 5 & 3 & 6 \\ 5 & 4 & 2 \\ 2 & 3 & 0 \end{pmatrix}$$

La matriz asociada a gof, multiplica al vector del enunciado:

$$M(gof) \cdot X = \begin{pmatrix} 5 & 3 & 6 \\ 5 & 4 & 2 \\ 2 & 3 & 0 \end{pmatrix} \cdot \begin{pmatrix} 1 \\ 2 \\ 1 \end{pmatrix} = \begin{pmatrix} (5\cdot1 + 3\cdot2 + 6\cdot1) \\ (5\cdot1 + 4\cdot2 + 2\cdot1) \\ (2\cdot1 + 3\cdot2 + 0\cdot1) \end{pmatrix} = \begin{pmatrix} (5+6+6) \\ (5+8+2) \\ (2+6) \end{pmatrix} =$$

$$gof(1;2;1) = M(gof) \cdot X = \begin{pmatrix} 17 \\ 15 \\ 8 \end{pmatrix}$$

SI deseas comprobar el resultado, debes aplicar la función f al vector original (1;2;1). Al hacerlo, obtendrás el vector (6;1;7). Luego le aplicas la transformación g, y veras que te dará el mismo resultado que nos dio arriba: (7;15;8).

8.2 Otro ejercicio

Buscar el núcleo de $fof(X)$ en la función:

$$f:R^3 \to R^3 \mid M(f) = \begin{pmatrix} 1 & 2 & 1 \\ 0 & 1 & 2 \\ 1 & 3 & 3 \end{pmatrix}$$

En este caso, se trata de componer la función f con ella misma, por lo que debemos buscar la matriz asociada a fof, mediante el producto de la matriz asociada a f, con ella misma:

$$fof(X) = \begin{pmatrix} 1 & 2 & 1 \\ 0 & 1 & 2 \\ 1 & 3 & 3 \end{pmatrix} \cdot \begin{pmatrix} 1 & 2 & 1 \\ 0 & 1 & 2 \\ 1 & 3 & 3 \end{pmatrix} \cdot X \Rightarrow$$

$$\begin{pmatrix} (1\cdot1 + 2\cdot0 + 1\cdot1) & (1\cdot2 + 2\cdot1 + 1\cdot3) & (1\cdot1 + 2\cdot2 + 1\cdot3) \\ (0\cdot1 + 1\cdot0 + 2\cdot1) & (0\cdot2 + 1\cdot1 + 2\cdot3) & (0\cdot1 + 1\cdot2 + 2\cdot3) \\ (1\cdot1 + 3\cdot0 + 3\cdot1) & (1\cdot2 + 3\cdot1 + 3\cdot3) & (1\cdot1 + 3\cdot2 + 3\cdot3) \end{pmatrix} \Rightarrow$$

$$\begin{pmatrix} (1+1) & (2+2+3) & (1+4+3) \\ (2) & (1+6) & (2+6) \\ (1+3) & (2+3+9) & (1+6+9) \end{pmatrix} = \begin{pmatrix} 2 & 7 & 8 \\ 2 & 7 & 8 \\ 4 & 14 & 16 \end{pmatrix} \overset{ampliamos}{\Rightarrow}$$

$$\begin{pmatrix} 2 & 7 & 8 & \vdots & 0 \\ 2 & 7 & 8 & \vdots & 0 \\ 4 & 14 & 16 & \vdots & 0 \end{pmatrix} \begin{matrix} \\ f_2 - f_1 \\ f_3 - 2f_1 \end{matrix} \Rightarrow \begin{pmatrix} 2 & 7 & 8 & \vdots & 0 \\ 0 & 0 & 0 & \vdots & 0 \\ 0 & 0 & 0 & \vdots & 0 \end{pmatrix}$$

$$2X_1 + 7X_2 + 8X_3 = 0 \Rightarrow X_1 = -\frac{7}{2}X_2 - 4X_3$$

$$(X_1; X_2; X_3) = \left(-\frac{7}{2}X_2 - 4X_3; X_2; X_3 \right) \Rightarrow X_2\left(-\frac{7}{2}; 1; 0 \right) + X_3(-4; 0; 1)$$

$$[Nu(fof)] = \left\{ \left(-\frac{7}{2}; 1; 0 \right); (-4; 0; 1) \right\} y \ \dim Nu(fof) = 2$$

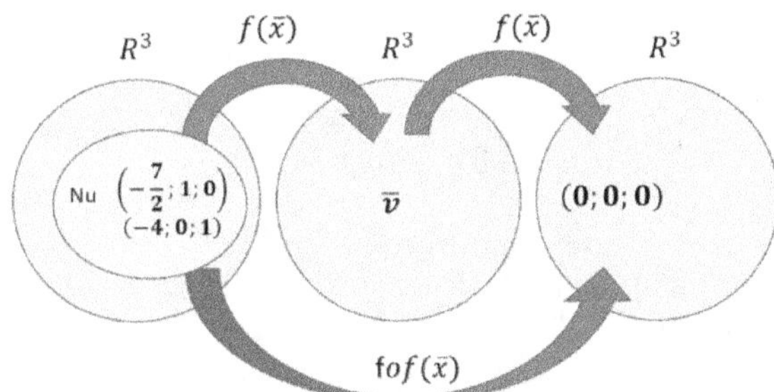

Esto significa que, al aplicar fof a los vectores del núcleo de fof en el espacio inicial (en amarillo), se obtiene el vector nulo en el espacio final.

Vamos a hacer una verificación, con la que entenderemos mejor todo lo que estamos hablando.

Busquemos el núcleo de f, es decir, identificar los vectores que, al transformarlos con f, generen el vector nulo.

Para ello, utilizamos la matriz asociada a f, la ampliamos con el vector nulo, y buscamos la matriz diagonal:

$$\begin{pmatrix} 1 & 2 & 1 & \vdots & 0 \\ 0 & 1 & 2 & \vdots & 0 \\ 1 & 3 & 3 & \vdots & 0 \end{pmatrix} f_3 - f_1 \Rightarrow \begin{pmatrix} 1 & 2 & 1 & \vdots & 0 \\ 0 & 1 & 2 & \vdots & 0 \\ 0 & 1 & 2 & \vdots & 0 \end{pmatrix} f_3 - f_2 \begin{pmatrix} 1 & 2 & 1 & \vdots & 0 \\ 0 & 1 & 2 & \vdots & 0 \\ 0 & 0 & 0 & \vdots & 0 \end{pmatrix} \Rightarrow$$

$(f_2): x_2 + 2x_3 = 0 \Rightarrow x_2 = -2x_3$

$(f_1): x_1 + 2x_2 + x_3 = 0 \Rightarrow x_1 + 2(-2x_3) + x_3 = 0 \Rightarrow$

$x_1 - 3x_3 = 0 \Rightarrow x_1 = 3x_3$

Para hallar la base:

$(X_1; X_2; X_3) = (3X_3; -2X_3; X_3) \Rightarrow X_3(3; -2; 1)$

$[Nu(f)] = \{(3; -2; 1)\} \ y \ \dim Nu(f) = 1$

Esto significa que al transformar el vector (3;-2;1) con f, obtenemos el vector (0;0;0). Esto también significa que, el transformar los vectores de la base del núcleo fof, deberíamos tener vectores del núcleo f, es decir, múltiplos de (3;-2;1).

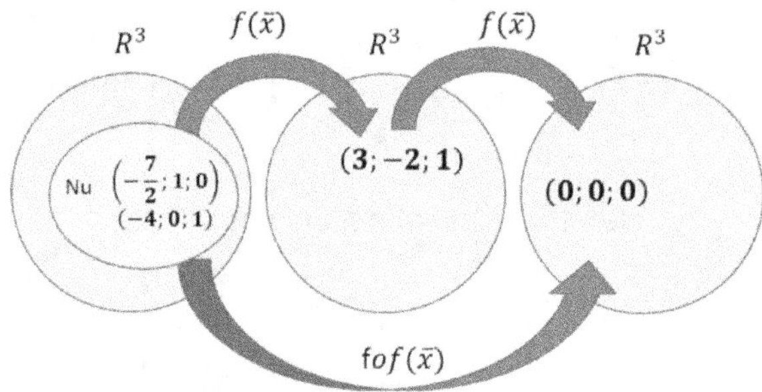

Vamos a transformar el núcleo fof, con f:

$$f(-4; 0; 1) = \begin{pmatrix} 1 & 2 & 1 \\ 0 & 1 & 2 \\ 1 & 3 & 3 \end{pmatrix} \cdot \begin{pmatrix} -4 \\ 0 \\ 1 \end{pmatrix} = \begin{pmatrix} -3 \\ 2 \\ -1 \end{pmatrix}$$

$$f\left(-\frac{7}{2}; 1; 0\right) = \begin{pmatrix} 1 & 2 & 1 \\ 0 & 1 & 2 \\ 1 & 3 & 3 \end{pmatrix} \cdot \begin{pmatrix} -\frac{7}{2} \\ 1 \\ 0 \end{pmatrix} = \begin{pmatrix} -\frac{3}{2} \\ 1 \\ -\frac{1}{2} \end{pmatrix}$$

Los resultados obtenidos deben ser múltiplos de la base del núcleo de f, es decir, de (3;-2;1). Vamos a verificarlo:

$(3; -2; 1) = \alpha(-3; 2; -1) = (-3\alpha; 2\alpha; -1\alpha)$

$\begin{cases} 3 = -3\alpha \Rightarrow \alpha = -1 \\ -2 = 2\alpha \Rightarrow \alpha = -1 \Rightarrow es \ el \ mismo \ valor \ de \ \alpha, \ entonces \ es \ múltiplo \\ 1 = -1\alpha \Rightarrow \alpha = -1 \end{cases}$

$$(3; -2; 1) = \beta\left(-\frac{3}{2}; 1; -\frac{1}{2}\right) = \left(-\frac{3}{2}\beta; 1\beta; -\frac{1}{2}\beta\right)$$

$$\begin{cases} 3 = -\dfrac{3}{2}\beta \Rightarrow \beta = -2 \\ -2 = 1\beta \Rightarrow \beta = -2 \Rightarrow es\ el\ mismo\ valor\ de\ \beta,\ entonces\ es\ múltiplo \\ 1 = -\dfrac{1}{2}\beta \Rightarrow \beta = -2 \end{cases}$$

Al ser, ambos vectores imagen de la base del núcleo fof, múltiplos de la base del núcleo de f, entonces, se puede decir que forman parte del núcleo de f.

8.3 Propiedades

Dos propiedades interesantes:

La combinación de una transformación lineal con su inversa produce la identidad:

$$f\ o\ f^{-1} = identidad$$

La función transformación identidad es aquella que tiene a la matriz identidad como matriz asociada.

La otra propiedad:

Sean f y g isomorfismo, entonces gof es también un isomorfismo, y la inversa de la composición gof es la composición de la inversa de f con la inversa de g:

$$f\ y\ g\ son\ isomorfismo \Rightarrow fog\ es\ isomorfismo\ y\ (gof)^{-1} = f^{-1}o\ g^{-1}$$

9 Teorema fundamental de las transformaciones lineales

Si tenemos una base de un espacio vectorial, y conocemos la imagen de esa base en el espacio vectorial de llegada de una transformación lineal, entonces, se puede decir que esa transformación lineal existe y es única.

Veamos un ejemplo:

$$f:R^3 \to R^2 \ \left| \ \begin{cases} f(1;1;0) = (2;1) \\ f(1;0;1) = (1;1) \\ f(0;1;1) = (0;0) \end{cases} \right.$$

Se puede verificar que los tres vectores de partida son L.I. y hay tantos vectores como la dimensión del espacio de partida. Esto nos permite decir que son una base de dicho espacio.

$$\{(1;1;0);(1;0;1);(0;1;1)\}\ es\ una\ base\ de\ R^3$$

Veamos cómo se identifica esa matriz:

Identificamos un vector genérico del espacio de partida y lo igualamos a una combinación lineal de la base:

$$(x;y;z) = \alpha(1;1;0) + \beta(1;0;1) + \gamma(0;1;1)$$

Al realizar la distributiva, sumar e igualar, obtenemos lo siguiente:

$$\begin{cases} x = \alpha + \beta \\ y = \alpha + \gamma \\ z = \beta + \gamma \end{cases} \Rightarrow \begin{cases} \xrightarrow{} \\ y - \gamma = \alpha \\ z - \gamma = \beta \end{cases} \Rightarrow \begin{cases} x = y - \gamma + z - \gamma \\ \xrightarrow{} \\ \xrightarrow{} \end{cases} \Rightarrow \begin{cases} -\dfrac{x}{2} + \dfrac{y}{2} + \dfrac{z}{2} = \gamma \\ \xrightarrow{} \\ \xrightarrow{} \end{cases} \Rightarrow$$

$$\begin{cases} \xrightarrow{} \\ y - \left(-\dfrac{x}{2} + \dfrac{y}{2} + \dfrac{z}{2} \right) = \alpha \\ z - \left(-\dfrac{x}{2} + \dfrac{y}{2} + \dfrac{z}{2} \right) = \beta \end{cases} \Rightarrow \begin{cases} -\dfrac{x}{2} + \dfrac{y}{2} + \dfrac{z}{2} = \gamma \\ \dfrac{x}{2} + \dfrac{y}{2} - \dfrac{z}{2} = \alpha \\ \dfrac{x}{2} - \dfrac{y}{2} + \dfrac{z}{2} = \beta \end{cases}$$

Ya tenemos los valores de los tres coeficientes (α; β; γ) para la combinación lineal de cualquier vector, a partir de la base.

Para continuar con la identificación de la transformación lineal que realiza las transformaciones de la base, partamos del vector genérico y su combinación lineal a partir de la base:

$$(x;y;z) = \alpha(1;1;0) + \beta(1;0;1) + \gamma(0;1;1)$$

Aplicamos la transformación lineal, f, a ambas partes de la ecuación:

$$f(x;y;z) = f[\alpha(1;1;0) + \beta(1;0;1) + \gamma(0;1;1)]$$

Aplicando las propiedades de las transformaciones lineales, en las que la transformación de una suma es igual a la suma de las transformaciones de los sumandos:

$$f(x;y;z) = f[\alpha(1;1;0)] + f[\beta(1;0;1)] + f[\gamma(0;1;1)]$$

Ahora aplicamos la otra propiedad, que dice que, la transformación del producto de un vector por un escalar es igual al escalar por la transformación del vector:

$$f(x;y;z) = \alpha \cdot f(1;1;0) + \beta \cdot f(1;0;1) + \gamma \cdot f(0;1;1)$$

Al fijarnos en el enunciado, vemos que tenemos el valor de las transformaciones de la base:

$$f(x;y;z) = \alpha \cdot (2;1) + \beta \cdot (1;1) + \gamma \cdot (0;0)$$

Remplazamos los coeficientes (α; β; γ) por los valores que obtuvimos arriba:

$$f(x;y;z) = \left(\frac{x}{2} + \frac{y}{2} - \frac{z}{2}\right)\cdot(2;1) + \left(\frac{x}{2} - \frac{y}{2} + \frac{z}{2}\right)\cdot(1;1) + \left(-\frac{x}{2} + \frac{y}{2} + \frac{z}{2}\right)\cdot(0;0)$$

Resolvemos el producto del escalar por los valores de los vectores:

$$f(x;y;z) = \left(x + y - z;\frac{x}{2} + \frac{y}{2} - \frac{z}{2}\right) + \left(\frac{x}{2} - \frac{y}{2} + \frac{z}{2};\frac{x}{2} - \frac{y}{2} + \frac{z}{2}\right) + (0;0)$$

Finalmente, sumamos los vectores:

$$f(x;y;z) = \left(x + y - z + \frac{x}{2} - \frac{y}{2} + \frac{z}{2};\frac{x}{2} + \frac{y}{2} - \frac{z}{2} + \frac{x}{2} - \frac{y}{2} + \frac{z}{2}\right)\Rightarrow$$

$$f(x;y;z) = \left(\frac{3x}{2} + \frac{y}{2} - \frac{z}{2};x\right)$$

$$M(f) = \begin{pmatrix} \frac{3}{2} & \frac{1}{2} & -\frac{1}{2} \\ 1 & 0 & 0 \end{pmatrix}$$

Verificamos:

$$f(1;1;0) = \left(\frac{3}{2} + \frac{1}{2} - 0;1\right) = (2;1)\Rightarrow OK$$

$$f(1;0;1) = \left(\frac{3}{2} + 0 - \frac{1}{2};1\right) = (1;1)\Rightarrow OK$$

$$f(0;1;1) = \left(0 + \frac{1}{2} - \frac{1}{2};0\right) = (0;0)\Rightarrow OK$$

9.1 Otro ejemplo

$$f{:}R^3{\rightarrow}R^3 \mid \begin{cases} f(1;0;0) = (1;2;1) \\ f(0;1;0) = (0;1;3) \\ f(0;0;1) = (0;0;4) \end{cases}$$

Se puede verificar, muy fácilmente, que tantos vectores como la dimensión del espacio de partida, y que son linealmente independientes, por lo tanto, son una base de dicho espacio.

$\{(1;0;0);(0;1;0);(0;0;1)\}$ *es una base de* R^3

Ahora construyamos la combinación lineal del espacio:

$$(x;y;z) = \alpha(1;0;0) + \beta(0;1;0) + \gamma(0;0;1)$$

La solución para hallar los coeficientes es trivial:

$$\begin{cases} x = \alpha \\ y = \beta \\ z = \gamma \end{cases}$$

Aplicamos la función a la ecuación genérica de conversión:

$$f(x;y;z) = \alpha f(1;0;0) + \beta f(0;1;0) + \gamma f(0;0;1)$$

El siguiente paso es remplazar los valores de la transformación de los vectores base, tal y como se indica en el enunciado, y se remplazan los coeficientes por el resultado del paso anterior:

$$f(x;y;z) = x(1;2;1) + y(0;1;3) + z(0;0;4)$$

Se multiplican los coeficientes por los componentes de los vectores y se suman:

$$f(x;y;z) = (x;2x + y;x + 3y + 4z)$$

$$M(f) = \begin{pmatrix} 1 & 0 & 0 \\ 2 & 1 & 0 \\ 1 & 3 & 4 \end{pmatrix}$$

9.2 Propiedad

Hay que notar, en el capítulo anterior, que si la base suministrada es la base canónica ordenada (formada por vectores donde todos son ceros, y tiene un 1), entonces, la matriz asociada a la función tiene los vectores transformación de la base, en las columnas.

9.3 Otro ejercicio

$$f{:}R^3 \to R^3 \mid \begin{cases} f(2;0;0) = (2;2;4) \\ f(0;5;5) = (10;10;0) \\ f(0;0;1) = (3;0;0) \end{cases}$$

Se puede ver que la base suministrada no es la base canónica, pero se podría tratar de convertir a base canónica.

Vamos a verificar si la base suministrada es linealmente independiente, mediante el cálculo del determinante:

$$\begin{vmatrix} 2 & 0 & 0 \\ 0 & 5 & 5 \\ 0 & 0 & 1 \end{vmatrix} = [(2{\cdot}5{\cdot}1) + 0 + 0] - [0 + 0 + 0] = 10 \neq 0 \Rightarrow L.I.$$

Ahora tratemos de convertir la base en canónica:

En la primera transformación se pueden aplicar las propiedades de las transformaciones lineales:

$$f(2;0;0) = (2;2;4) \Rightarrow f[2(1;0;0)] = 2 \cdot (1;1;2) \Rightarrow 2f(1;0;0) = 2 \cdot (1;1;2) \Rightarrow$$

$$f(1;0;0) = (1;1;2)$$

En la segunda base se puede aplicar también otra propiedad de las transformaciones lineales:

$$f(0;5;5) = (10;10;0) \xrightarrow{\text{Dividiendo entre } 5} f(0;1;1) = (2;2;0) \Rightarrow$$

$$f[(0;1;0) + (0;0;1)] = (2;2;0) \Rightarrow f(0;1;0) + f(0;0;1) = (2;2;0) \Rightarrow$$

Sustituyo la transformación de la tercera base, que se indica en el enunciado:

$$f(0;1;0) + (3;0;0) = (2;2;0) \Rightarrow f(0;1;0) = (2;2;0) - (3;0;0) \Rightarrow$$

$$f(0;1;0) = (-1;2;0)$$

En este punto disponemos de la transformación de la base canónica:

$$f:R^3 \to R^3 \mid \begin{cases} f(1;0;0) = (1;1;2) \\ f(0;1;0) = (-1;2;0) \\ f(0;0;1) = (3;0;0) \end{cases}$$

Al aplicar la propiedad descrita arriba, se obtiene la matriz asociada a la transformación:

$$M(f) = \begin{pmatrix} 1 & -1 & 3 \\ 1 & 2 & 0 \\ 2 & 0 & 0 \end{pmatrix}$$

---

10 Cambios de base

Antes de hablar de cambios de base, pienso que es el momento de hablar sobre lo que es una base.

Pensemos en el espacio R^2. Ese espacio es un plano, dos dimensiones, que contiene todos los vectores. Lo normal es representar un par de ejes perpendiculares, x e y, que utilizamos como referencia, y que nos permiten determinar unas coordenadas para cada vector del espacio, basados en la combinación lineal de los vectores $\vec{\imath}(1;0)$ y $\vec{\jmath}(0,1)$.

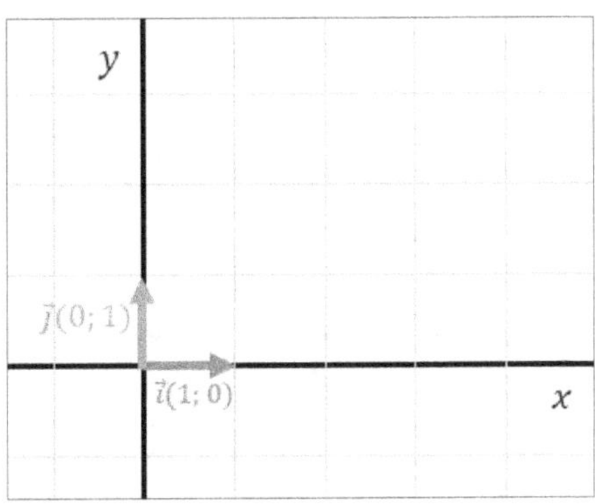

Esos dos vectores son una base del espacio vectorial R^2, ya que son linealmente independientes y permiten generar cualquier vector del espacio, a partir de combinaciones lineales de ellos. Esos vectores conforman, lo que se llama, base canónica. Pero no es la única base posible para el espacio R^2.

Supongamos un vector $\vec{u}(4;3)$, esto significa que dicho vector es el resultado de multiplicar 4 por el vector $\vec{i}(1,0)$ y sumarles el vector $\vec{j}(0,1)$ multiplicado por, es decir: $4\cdot(1;0) + 3\cdot(0;1) = (4;0) + (0;3) = (4;3)$.

Se dice que i y j son una base porque, además de ser linealmente independientes, si multiplicamos dichos vectores por cualquier par de números, podremos obtener todos los vectores que forman el espacio R^2.

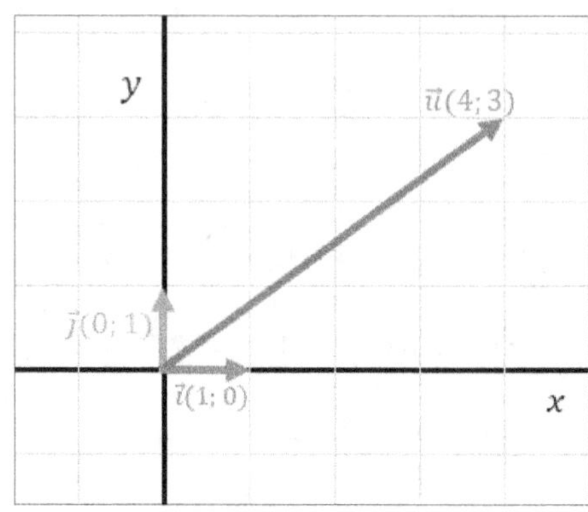

En el ejemplo anterior, decimos que los valores 4 y 3 son las coordenadas del vector u utilizando la base canónica, ya que, si multiplicamos a cada vector de la base canónica por estos números, obtenemos el vector u.

Eso se escribe de la siguiente manera: $[u]_c = \begin{pmatrix} 4 \\ 3 \end{pmatrix}$, y se lee: las coordenadas del vector u en la base canónica son 4 y 3.

Ahora bien, imaginemos otro par de vectores, llamados $\vec{v}$ y $\vec{w}$, que componen una base B de R^2, y dibujemos un tercer vector $\vec{t}$ que sea una combinación lineal de estos dos vectores, por ejemplo: $\vec{t} = 3\cdot\vec{v} + 2\cdot\vec{w}$. Las coordenadas del vector t en la base B son (3;2), y se escribe: $[\vec{t}]_B = \begin{pmatrix} 3 \\ 2 \end{pmatrix}$.

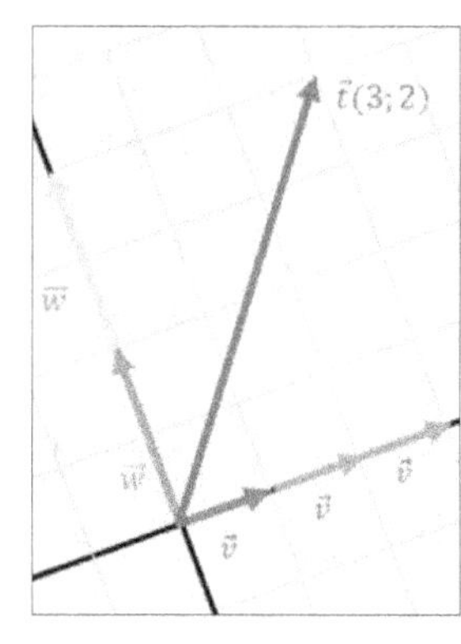

Este vector t, el cual conocemos como (2;3) en la base B, al formar parte de R^2, también podría ser representado como una combinación lineal de los vectores de la base canónica, tal y como se ve en la siguiente imagen:

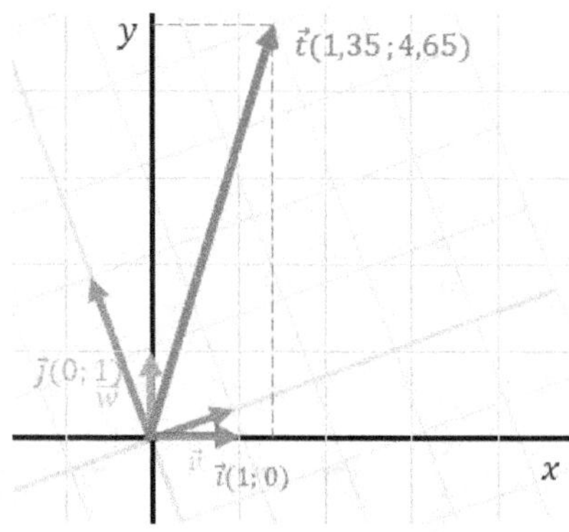

Utilizando otras herramientas especializadas, he podido calcular que las coordenadas del vector t en la base canónica son (1,35;4,63), ya que se obtiene a partir de multiplicar al vector i por 1,35 sumado al producto del vector j por 4,63.

Entonces, tenemos que las coordenadas de un vector dependerán de la base que se emplee. En el caso de nuestro vector t, lo podemos referenciar:

$[\vec{t}]_B = \binom{3}{2}$ o $[\vec{t}]_C = \binom{1,35}{4,63}$, según empleemos la base B o la canónica (C) respectivamente.

10.1 Pasar de una base B a la base canónica

Lo que vamos a explicar en este capítulo es cómo calcular las coordenadas de un vector en distintas bases.

Para realizar los cálculos, debemos conocer las coordenadas de la base B en la base canónica: $[\vec{v}]_C = \binom{0,89}{0,33}$ y $[\vec{w}]_C = \binom{-0,66}{1,82}$, lo cual significa que $\vec{v} = 0,89\vec{i} + 0,33\vec{j}$ y $\vec{w} = -0,66\vec{i} + 1,82\vec{j}$.

Comencemos los cálculos escribiendo el vector t utilizando la base B, y luego realizaremos la sustitución de los vectores de la base B por sus coordenadas en la base canónica:

$$\vec{t} = 3\vec{v} + 2\vec{w} \Rightarrow \vec{t} = 3\binom{0,89}{0,33} + 2\binom{-0,66}{1,82} \Rightarrow \vec{t} = \binom{2,67}{0,99} + \binom{-1,33}{3,64} \Rightarrow \vec{t} = \binom{1,35}{4,63}$$

Analicemos el resultado obtenido, entendiendo cómo se ha obtenido el valor de cada coordenada canónica del vector t:

$$\vec{t} = \binom{1,35}{4,63} = \binom{3 \cdot 0,89 + 2 \cdot (-0,66)}{3 \cdot 0,33 + 2 \cdot 1,82} = \binom{0,89 \cdot 3 + (-0,66) \cdot 2}{0,33 \cdot 3 + 1,82 \cdot 2} \Rightarrow$$

$$\vec{t} = \begin{pmatrix} 0,89 & -0,66 \\ 0,33 & 1,82 \end{pmatrix} \cdot \binom{3}{2} \overset{Fíjate}{\Rightarrow} \begin{cases} \vec{v} = (0,89 ; 0,33) \\ \vec{w} = (-0,66 ; 1,82) \end{cases}$$

Lo que se puede obtener de estos cálculos es que, para transformar las coordenadas de un vector en un base B, a la base canónica, hay que multiplicarlas por una matriz en las que las columnas sean las coordenadas canónicas de la base B.

10.1.1 Ejemplo:

Convertir a base canónica el vector $[\vec{u}]_B = \binom{4}{3}$, donde la base B está formada por $\begin{cases} [\vec{v}]_C = \binom{0,64}{0,77} \\ [w]_C = \binom{-0,5}{0,87} \end{cases}$

Según lo descubierto arriba, sabemos que las coordenadas canónicas de $\vec{u}$ será el resultado del siguiente producto de matrices:

$$[\vec{u}]_C = ([\vec{v}]_C \quad [\vec{w}]_C) \cdot [\vec{u}]_B \Rightarrow [\vec{u}]_C = \begin{pmatrix} 0,64 & -0,5 \\ 0,77 & 0,87 \end{pmatrix} \binom{4}{3} \Rightarrow$$

$$[\vec{u}]_C = \begin{pmatrix} 0{,}64{\cdot}4 + (-0{,}5){\cdot}3 \\ 0{,}77{\cdot}4 + 0{,}87{\cdot}3 \end{pmatrix} \Rightarrow [\vec{u}]_C = \begin{pmatrix} 1{,}06 \\ 5{,}69 \end{pmatrix}$$

10.1.2 Resumen

Para transformar un vector de una base B a la base canónica, se debe multiplicar al vector por una matriz que contenga, en cada columna, las coordenadas de la base B. Esta matriz la llamaremos P_{BC}, ya que transforma de B a C.

$$[\vec{w}]_C = P_{BC}{\cdot}[\vec{w}]_B$$

10.1.3 Otro ejemplo

Dado $B = \{(1;3),(-1,2)\}$, hallar P_{BC} y obtener las coordenadas canónicas de $[\vec{w}]_B = \begin{pmatrix} -2 \\ 1 \end{pmatrix}$

La matriz de transformación contiene los vectores base en las columnas:

$$P_{BC} = \begin{pmatrix} 1 & -1 \\ 3 & 2 \end{pmatrix}$$

Para obtener las coordenadas canónicas de w, hay que multiplicar dicha matriz por las coordenadas de w en la base B:

$$[\vec{w}]_C = P_{BC}{\cdot}[\vec{w}]_B \Rightarrow [\vec{w}]_C = \begin{pmatrix} 1 & -1 \\ 3 & 2 \end{pmatrix}{\cdot}\begin{pmatrix} -2 \\ 1 \end{pmatrix} = \begin{pmatrix} -2-1 \\ -6+2 \end{pmatrix} \Rightarrow [\vec{w}]_C = \begin{pmatrix} -3 \\ -4 \end{pmatrix}$$

10.2 Pasar de una base canónica a una base B

En los apartados anteriores trabajamos con la conversión de las coordenadas de un vector en una base B, a una base canónica. Para esto utilizamos una matriz, llamada P_{BC}, que contenía los vectores base en las columnas.

$$[\vec{w}]_C = P_{BC}{\cdot}[\vec{w}]_B$$

En este capítulo deseamos encontrar la matriz P_{CB}, que nos permitirá pasar a de la base canónica a una base B. Dicho de otra forma, la matriz P_{CB} deshace lo que hace la matriz P_{BC}, por lo que nos estamos refiriendo a P_{BC}^{-1}.

La inversa de la matriz que nos transforma de una base B a la canónica será la que transformará de la base canónica a la base B.

Para hallar la matriz inversa, utilizaremos Gauss-Jordan.

Dada la base $B = \{(1;3),(-1,2)\}$, y un vector $[\vec{w}]_C = \begin{pmatrix} -3 \\ -4 \end{pmatrix}$, hallar $[\vec{w}]_B$.

Busquemos primero la matriz P_{BC}, que estará formada por las coordenadas de los vectores de la base B en las columnas:

$$P_{BC} = \begin{pmatrix} 1 & -1 \\ 3 & 2 \end{pmatrix}$$

Ahora creamos la matriz ampliada con la unidad, y aplicaremos Gauss-Jordan para buscar la inversa:

$$\begin{pmatrix} 1 & -1 & \vdots & 1 & 0 \\ 3 & 2 & \vdots & 0 & 1 \end{pmatrix} \Rightarrow f_2 = f_2 - 3f_1 \Rightarrow \begin{pmatrix} 1 & -1 & \vdots & 1 & 0 \\ 0 & 5 & \vdots & -3 & 1 \end{pmatrix} \Rightarrow$$

$$f_2 = \frac{f_2}{5} \Rightarrow \begin{pmatrix} 1 & -1 & \vdots & 1 & 0 \\ 0 & 1 & \vdots & -\dfrac{3}{5} & \dfrac{1}{5} \end{pmatrix} \Rightarrow f_1 = f_1 + f_2 \Rightarrow \begin{pmatrix} 1 & 0 & \vdots & \dfrac{2}{5} & \dfrac{1}{5} \\ 0 & 1 & \vdots & -\dfrac{3}{5} & \dfrac{1}{5} \end{pmatrix}$$

Una vez lograda la identidad en la parte izquierda de la matriz ampliada, la parte derecha muestra la inversa, que sería la que transforma las coordenadas de la base canónica a la base B:

$$P_{BC}{}^{-1} = P_{CB} = \begin{pmatrix} \dfrac{2}{5} & \dfrac{1}{5} \\ -\dfrac{3}{5} & \dfrac{1}{5} \end{pmatrix}$$

Para obtener las coordenadas:

$$[\vec{w}]_B = P_{CB} \cdot [\vec{w}]_C \Rightarrow [\vec{w}]_B = \begin{pmatrix} \dfrac{2}{5} & \dfrac{1}{5} \\ -\dfrac{3}{5} & \dfrac{1}{5} \end{pmatrix} \cdot \begin{pmatrix} -3 \\ -4 \end{pmatrix} = \begin{pmatrix} \dfrac{2}{5} \cdot (-3) + \dfrac{1}{5} \cdot (-4) \\ \left(-\dfrac{3}{5}\right) \cdot (-3) + \dfrac{1}{5} \cdot (-4) \end{pmatrix} \Rightarrow$$

$$[\vec{w}]_B = \begin{pmatrix} -\dfrac{6}{5} - \dfrac{4}{5} \\ \dfrac{9}{5} - \dfrac{4}{5} \end{pmatrix} = \begin{pmatrix} -\dfrac{10}{5} \\ \dfrac{5}{5} \end{pmatrix} = \begin{pmatrix} -2 \\ 1 \end{pmatrix}$$

Se puede comprobar que el resultado obtenido es correcto, ya que, en este ejercicio realizamos el proceso inverso al explicado en el punto 10.1.3.

Dada la base $B = \{(1;1),(-1,2)\}$, y un vector $[\vec{w}]_C = \begin{pmatrix} 1 \\ -4 \end{pmatrix}$, hallar $[\vec{w}]_B$.

$$P_{BC} = \begin{pmatrix} 1 & -1 \\ 1 & 2 \end{pmatrix}$$

Ahora creamos la matriz ampliada con la unidad, y aplicaremos Gauss-Jordan para buscar la inversa:

$$\begin{pmatrix} 1 & -1 & \vdots & 1 & 0 \\ 1 & 2 & \vdots & 0 & 1 \end{pmatrix} \Rightarrow f_2 = f_2 - f_1 \Rightarrow \begin{pmatrix} 1 & -1 & \vdots & 1 & 0 \\ 0 & 3 & \vdots & -1 & 1 \end{pmatrix} \Rightarrow$$

$$f_1 = 3f_1 + f_2 \Rightarrow \begin{pmatrix} 3 & 0 & \vdots & 2 & 1 \\ 0 & 3 & \vdots & -1 & 1 \end{pmatrix} \Rightarrow \begin{matrix} f_1 = f_1/3 \\ f_2 = f_2/3 \end{matrix} \Rightarrow \begin{pmatrix} 1 & 0 & \vdots & \frac{2}{3} & \frac{1}{3} \\ 0 & 1 & \vdots & -\frac{1}{3} & \frac{1}{3} \end{pmatrix}$$

$$P_{BC}^{-1} = P_{CB} = \begin{pmatrix} \frac{2}{3} & \frac{1}{3} \\ -\frac{1}{3} & \frac{1}{3} \end{pmatrix}$$

$$[\vec{w}]_B = P_{CB} \cdot [\vec{w}]_C \Rightarrow [\vec{w}]_B = \begin{pmatrix} \frac{2}{3} & \frac{1}{3} \\ -\frac{1}{3} & \frac{1}{3} \end{pmatrix} \cdot \begin{pmatrix} 1 \\ -4 \end{pmatrix}$$

Para facilitar los cálculos, extraigo un factor común de la matriz de cambio de base, $1/3$, que luego multiplicaré:

$$[\vec{w}]_B = \frac{1}{3}\begin{pmatrix} 2 & 1 \\ -1 & 1 \end{pmatrix} \cdot \begin{pmatrix} 1 \\ -4 \end{pmatrix} \Rightarrow \frac{1}{3}\begin{pmatrix} 2 \cdot 1 + 1 \cdot (-4) \\ (-1) \cdot 1 + 1 \cdot (-4) \end{pmatrix} = \frac{1}{3}\begin{pmatrix} 2 - 4 \\ -1 + (-4) \end{pmatrix} \Rightarrow$$

$$[\vec{w}]_B = \frac{1}{3}\begin{pmatrix} -2 \\ -5 \end{pmatrix} \Rightarrow [\vec{w}]_B = \begin{pmatrix} -\frac{2}{3} \\ -\frac{5}{3} \end{pmatrix}$$

Vamos a verificar el resultado obtenido. Recuerda que las coordenadas obtenidas significa que si multiplicamos la primera coordenada por el primer vector base, y la segunda coordenada por el segundo vector base, nos debería dar las coordenadas del enunciado del problema:

$$[\vec{w}]_C = \left(-\frac{2}{3}\right)(1;1) + \left(-\frac{5}{3}\right)(-1;2) = \left(-\frac{2}{3}; -\frac{2}{3}\right) + \left(\frac{5}{3}; -\frac{10}{3}\right) = \left(\frac{3}{3}; -\frac{12}{3}\right) \Rightarrow$$

$$[\vec{w}]_C = (1;4)$$

Dadas dos bases $B = \{\vec{b_1}, \vec{b_2}\}$ y $B' = \{\{\vec{b_1'}, \vec{b_2'}\}\}$, la matriz para cambiar de la base B a la base B', $P_{BB'}$, es la que tiene como columnas, las coordenadas de las bases de partida según la base de llegada, que, dicho de otra forma:

$$P_{BB'} = \left([b_1]_{B'} \quad [b_2]_{B'}\right)$$

Para dar con las coordenadas de las bases del espacio de partida, buscamos la combinación lineal correspondiente:

$$\vec{b_1} = \alpha \cdot \vec{b_1'} + \beta \cdot \vec{b_2'}$$

Se resuelve el sistema de ecuaciones, y los valores de α y β serán las coordenadas de $\vec{b_1}$ en la base B'. Se repite el procedimiento para el vector base.

Tomar nota que, la parte derecha de la ecuación es la misma independientemente del vector a convertir.

10.3.1 Ejemplo

Dadas dos bases $B = \{(1;1), (1;-2)\}$ y $B' = \{(-1;3), (2;-1)\}$ $hallar\ P_{BB'}$

Lo primero que se ha de hacer es convertir la base B a B' utilizando la fórmula $\vec{b_1} = \alpha \cdot \vec{b_1'} + \beta \cdot \vec{b_2'}$. Notar que la parte derecha de la ecuación es la misma independientemente del vector que se desee convertir.

$$\begin{cases} \vec{b_1} = \alpha_1 \cdot \vec{b_1'} + \beta_1 \cdot \vec{b_2'} \\ \vec{b_2} = \alpha_2 \cdot \vec{b_1'} + \beta_2 \cdot \vec{b_2'} \end{cases} \Rightarrow \begin{cases} (1;1) = \alpha_1 \cdot (-1;3) + \beta_1 \cdot (2;-1) \\ (1;-2) = \alpha_2 \cdot (-1;3) + \beta_2 \cdot (2;-1) \end{cases}$$

Para el primer sistema de ecuaciones:

$$\begin{cases} 1 = \alpha_1 \cdot (-1) + \beta_1 \cdot 2 \\ 1 = \alpha_1 \cdot 3 + \beta_1 \cdot (-1) \end{cases} \Rightarrow \begin{cases} 1 = -\alpha_1 + 2\beta_1 \Rightarrow \alpha_1 = 2\beta_1 - 1 \\ 1 = 3\alpha_1 - \beta_1 \quad \Rightarrow \beta_1 = 3\alpha_1 - 1 \end{cases} \Rightarrow$$

$cambiar\ \beta\ en\ e_1$
$$\Rightarrow \quad \alpha_1 = 2(3\alpha_1 - 1) - 1 \Rightarrow \alpha_1 = (6\alpha_1 - 2) - 1 \Rightarrow$$

$$\alpha_1 - 6\alpha_1 = -2 - 1 \Rightarrow -5\alpha_1 = -3 \Rightarrow \alpha_1 = \frac{3}{5}$$

$cambiar\ \alpha\ en\ e_2$
$$\Rightarrow \quad \beta_1 = 3\left(\frac{3}{5}\right) - 1 \Rightarrow \beta_1 = \frac{9}{5} - 1 \Rightarrow \beta_1 = \frac{4}{5}$$

$$[b_1]_{B'} = \begin{pmatrix} \dfrac{3}{5} \\ \dfrac{4}{5} \end{pmatrix}$$

Ahora resolveremos el segundo sistema de ecuaciones, aprovechando que sabemos que la parte derecha será la misma, además de los subíndices colocados a las incógnitas para diferenciarlas.

$$\begin{cases} 1 = \alpha_2 \cdot (-1) + \beta_2 \cdot 2 \\ -2 = \alpha_2 \cdot 3 + \beta_2 \cdot (-1) \end{cases} \Rightarrow \begin{cases} 1 = -\alpha_2 + 2\beta_2 \Rightarrow \alpha_2 = 2\beta_2 - 1 \\ -2 = 3\alpha_2 - \beta_2 \Rightarrow \beta_2 = 3\alpha_2 + 2 \end{cases} \Rightarrow$$

$$\overset{cambiar\ \beta\ en\ e_1}{\Rightarrow} \quad \alpha_2 = 2(3\alpha_2 + 2) - 1 \Rightarrow \alpha_2 = (6\alpha_2 + 4) - 1 \Rightarrow$$

$$\alpha_2 - 6\alpha_2 = 4 - 1 \Rightarrow -5\alpha_2 = 3 \Rightarrow \alpha_2 = -\frac{3}{5}$$

$$\overset{cambiar\ \alpha\ en\ e_2}{\Rightarrow} \quad \beta_2 = 3\left(-\frac{3}{5}\right) + 2 \Rightarrow \beta_2 = -\frac{9}{5} + 2 \Rightarrow \beta_2 = \frac{1}{5}$$

$$[b_2]_{B'} = \begin{pmatrix} -\dfrac{3}{5} \\ \dfrac{1}{5} \end{pmatrix}$$

El siguiente paso es crear la matriz utilizando las coordenadas de los vectores base de partida en la base de llegada:

$$P_{BB'} = ([b_1]_{B'} \quad [b_2]_{B'}) \Rightarrow P_{BB'} = \begin{pmatrix} \dfrac{3}{5} & -\dfrac{3}{5} \\ \dfrac{4}{5} & \dfrac{1}{5} \end{pmatrix}$$

10.4 Otro método de pasar de B a B'

Una vez que se comprende lo que hay que hacer, y aprovechando los conocimientos de matrices, veamos este otro método que debería ser menos engorroso.

La idea es aprovechar que la matriz para pasar de una base a la base canónica es muy fácil de hacer. Lo que vamos a hacer es pasar primero de B a C y luego de C a B'.

Dadas dos bases $B = \{\vec{b_1}, \vec{b_2}\}$ y $B' = \{\{\vec{b_1'}, \vec{b_2'}\}\}$, para pasar de B a B', primero pasaremos de B a C, donde $P_{BC} = ([b_1]_C \quad [b_2]_C)$. Luego pasaremos de C a B', utilizando la matriz $P_{CB'} = (P_{B'C})^{-1} = ([b_1']_C \quad [b_2']_C)^{-1}$.

Al componer transformaciones, el producto se realiza en el orden inverso a la aplicación de las transformaciones, por lo que, si vamos a hacer primero la transformación P_{BC} y luego $P_{CB'}$, se deben multiplicar $P_{CB'} x\, P_{BC}$. En conclusión:

$$P_{BB'} = P_{CB'} \cdot P_{BC} \Rightarrow P_{BB'} = (P_{B'C})^{-1} \cdot P_{BC}$$

10.4.1 Ejemplo

Realicemos el ejercicio del método anterior:

Dadas dos bases $B = \{(1;1), (1;-2)\}$ y $B' = \{(-1;3), (2;-1)\}$ $hallar\ P_{BB'}$

$$P_{BB'} = (P_{B'C})^{-1} \cdot P_{BC}$$

$$P_{BC} = \begin{pmatrix} 1 & 1 \\ 1 & -2 \end{pmatrix} y\ P_{B'C} = \begin{pmatrix} -1 & 2 \\ 3 & -1 \end{pmatrix}$$

Busquemos la inversa de $P_{B'C}$ con Gauss-Jordan:

$$\begin{pmatrix} -1 & 2 & \vdots & 1 & 0 \\ 3 & -1 & \vdots & 0 & 1 \end{pmatrix} \Rightarrow \begin{matrix} f_1 = -f_1 \\ f_2 = f_2 + 3f_1 \end{matrix} \Rightarrow \begin{pmatrix} 1 & -2 & \vdots & -1 & 0 \\ 0 & 5 & \vdots & 3 & 1 \end{pmatrix} \Rightarrow$$

$$f_2 = \frac{f_2}{5} \begin{pmatrix} 1 & -2 & \vdots & -1 & 0 \\ 0 & 1 & \vdots & \frac{3}{5} & \frac{1}{5} \end{pmatrix} \Rightarrow f_1 = f_1 + 2f_2 \Rightarrow \begin{pmatrix} 1 & 0 & \vdots & \frac{1}{5} & \frac{2}{5} \\ 0 & 1 & \vdots & \frac{3}{5} & \frac{1}{5} \end{pmatrix}$$

$$(P_{B'C})^{-1} = P_{CB'} = \begin{pmatrix} \frac{1}{5} & \frac{2}{5} \\ \frac{3}{5} & \frac{1}{5} \end{pmatrix}$$

$$P_{BB'} = (P_{B'C})^{-1} \cdot P_{BC} = \begin{pmatrix} \frac{1}{5} & \frac{2}{5} \\ \frac{3}{5} & \frac{1}{5} \end{pmatrix} \cdot \begin{pmatrix} 1 & 1 \\ 1 & -2 \end{pmatrix} = \frac{1}{5} \begin{pmatrix} 1 & 2 \\ 3 & 1 \end{pmatrix} \cdot \begin{pmatrix} 1 & 1 \\ 1 & -2 \end{pmatrix} \Rightarrow$$

$$P_{BB'} = \frac{1}{5} \begin{pmatrix} 1 \cdot 1 + 2 \cdot 1 & 1 \cdot 1 + 2 \cdot (-2) \\ 3 \cdot 1 + 1 \cdot 1 & 3 \cdot 1 + 1 \cdot (-2) \end{pmatrix} = \frac{1}{5} \begin{pmatrix} 3 & -3 \\ 4 & 1 \end{pmatrix} \Rightarrow$$

$$P_{BB'} = \begin{pmatrix} \frac{3}{5} & -\frac{3}{5} \\ \frac{4}{5} & \frac{1}{5} \end{pmatrix}$$

Como se puede verificar, el resultado obtenido es el mismo que se obtuvo en el ejercicio anterior.

10.4.2 Ejercicio

Este es un caso muy interesante: conocemos la matriz de cambio de base y una de las bases, y nos piden buscar la otra base,

Dadas dos bases $B = \{(4; -1), (2;3)\}$ y $B' = \{\vec{v}, \vec{w}\}$ y la $matriz$ $P_{BB'} = \begin{pmatrix} 1 & 3 \\ -1 & 2 \end{pmatrix}$, buscar los valores de $\vec{v}$ y $\vec{w}$.

Recordando el primer método que vimos en el punto 10.3, la matriz para pasar de la base B a la base B' posee en las columnas, las coordenadas de los vectores de B, pero en la base B'.

$$P_{BB'} = \left([b_1]_{B'} \quad [b_2]_{B'} \right)$$

Esto significa que la matriz nos está mostrando la conversión de las coordenadas de la base de partida en la base de llegada, por lo que:

$$[b_1]_{B'} = \begin{pmatrix} 1 \\ -1 \end{pmatrix} \Rightarrow \left[\begin{pmatrix} 4 \\ -1 \end{pmatrix} \right]_{B'} = \begin{pmatrix} 1 \\ -1 \end{pmatrix} \; y \; [b_2]_{B} = \begin{pmatrix} 3 \\ 2 \end{pmatrix} \Rightarrow \left[\begin{pmatrix} 2 \\ 3 \end{pmatrix} \right]_{B'} = \begin{pmatrix} 3 \\ 2 \end{pmatrix}$$

$$\begin{cases} b_1 = 1 \cdot \vec{v} + (-1) \cdot \vec{w} \Rightarrow (4; -1) = \vec{v} - \vec{w} \\ b_2 = 3 \cdot \vec{v} + 2 \cdot \vec{w} \Rightarrow (2;3) = 3\vec{v} + 2\vec{w} \end{cases} \overset{2e_1 + e_2}{\Rightarrow} (8; -2) + (2;3) = 5\vec{v} \Rightarrow$$

$$(10;1) = 5\vec{v} \Rightarrow \vec{v} = \left(2; \frac{1}{5}\right) \overset{Cambio\ en\ e_1}{\Rightarrow} (4; -1) = \left(2; \frac{1}{5}\right) - \vec{w} \Rightarrow$$

$$\vec{w} = \left(2; \frac{1}{5}\right) - (4; -1) \Rightarrow \vec{w} = \left(-2; \frac{6}{5}\right)$$

La base de llegada, B', está formada por $\left\{ \left(2; \frac{1}{5}\right), \left(-2; \frac{6}{5}\right) \right\}$

10.5 Cambio de base en Matriz Asociada a una transformación

Al comienzo de estos apuntes, estuvimos trabajando con transformaciones lineales, en las que buscábamos las bases y núcleos.

Estas transformaciones lineales tenían asociada una matriz, la cual nos permitía transformar los vectores con mayor simpleza.

Recordemos algunos conceptos:

Las transformaciones convierten a los vectores de un espacio, que llamaremos V, a otro espacio que llamaremos W. Cada espacio tiene su propia base. Veamos la siguiente transformación f:

$f : V \rightarrow W$

La base de V es A, la base de W es B, y la matriz asociada a la transformación es:

$M(f)_{AB}$

Donde se indica que la transformación parte de una base A y transforma a la base B. La transformación se realiza multiplicando al vector por la matriz:

$$M(f)_{AB} \cdot [\vec{v}]_A = [f(\vec{v})]_B$$

La fórmula dice que el vector original está en la base A, y que la imagen resultante está en la base B.

Lo que se desea realizar en este apartado es buscar una matriz alternativa que permita partir de una base A' y llegar a una base B', o dicho de otra forma:

$$M(f)_{A'B'} \cdot [\vec{v}]_{A'} = [f(\vec{v})]_{B'}$$

Si a esta ecuación, multiplicamos a $[\vec{v}]_{A'}$ por la matriz de cambio de base de A' a A, estaríamos convirtiendo al vector v a la base A, y se le podría aplicar la matriz asociada a la transformación lineal con las bases iniciales:

$$P_{A'A} \cdot [\vec{v}]_{A'} = [\vec{v}]_A \Rightarrow M(f)_{AB} \cdot P_{A'A} \cdot [\vec{v}]_{A'} = M(f)_{AB} \cdot [\vec{v}]_A$$

La parte derecha de la igualdad es la imagen del vector en base B.

$$M(f)_{AB} \cdot P_{A'A} \cdot [\vec{v}]_{A'} \quad = \quad M(f)_{AB} \cdot [\vec{v}]_A$$
$$\downarrow \qquad\qquad\qquad\qquad \downarrow$$
$$[f(\vec{v})]_B \qquad\qquad\qquad [f(\vec{v})]_B$$

Pero como nosotros queremos que el resultado esté en base B', tendremos que multiplicarlo por la matriz de cambio de base de B a B'.

$$P_{BB'} \cdot M(f)_{AB} \cdot P_{A'A} \cdot [\vec{v}]_{A'} = [f(\vec{v})]_{B'}$$

De todo esto se obtiene la siguiente conclusión: si tenemos una matriz asociada a una transformación con base de partida A y base de llegada B, y deseamos convertirla las bases a A' y B' respectivamente, habrá que resolver el siguiente producto de matrices: $P_{BB'} \cdot M(f)_{AB} \cdot P_{A'A}$.

$$P_{BB'} \cdot M(f)_{AB} \cdot P_{A'A} = M(f)_{A'B'}$$

10.5.1 Ejemplo

Dadas dos bases $B = \{(1; -1), (1;0)\}$ y $D = \{(1; -2), (3;1)\}$

Y la matriz asociada a una transformación $M(f)_{BD} = \begin{pmatrix} 1 & 2 \\ -1 & 4 \end{pmatrix}$,

Hallar $M(f)_{CC}$

Utilizando la fórmula $P_{BB'} \cdot M(f)_{AB} \cdot P_{A'A} = M(f)_{A'B'}$

Realizamos las sustituciones apropiadas: la base de partida original (A) es B, la base de llegada original (B) es D, y las bases nuevas, tanto de partida (A') como de llegada (B') es la base canónica C. La ecuación queda:

$P_{DC} \cdot M(f)_{BD} \cdot P_{CB} = M(f)_{CC}$

Coloquemos los valores conocidos y busquemos/calculemos los desconocidos:

P_{DC}: La matriz para pasar de D a canónica es fácil, ya que solo hay que colocar los vectores de la base D en columnas:

$$P_{DC} = \begin{pmatrix} 1 & 3 \\ -2 & 1 \end{pmatrix}$$

$M(f)_{BD}$: forma parte del enunciado:

$$M(f)_{BD} = \begin{pmatrix} 1 & 2 \\ -1 & 4 \end{pmatrix}$$

P_{CB}: Es necesario buscar la matriz inversa a P_{BC}:

$$P_{CB} = (P_{BC})^{-1} = \begin{pmatrix} 1 & 1 \\ -1 & 0 \end{pmatrix}^{-1}$$

$$\left(\begin{array}{cc|cc} 1 & 1 & 1 & 0 \\ -1 & 0 & 0 & 1 \end{array} \right) \Rightarrow f_2 = f_2 + f_1 \Rightarrow \left(\begin{array}{cc|cc} 1 & 1 & 1 & 0 \\ 0 & 1 & 1 & 1 \end{array} \right) \Rightarrow$$

$$f_1 = f_1 - f_2 \Rightarrow \left(\begin{array}{cc|cc} 1 & 0 & 0 & -1 \\ 0 & 1 & 1 & 1 \end{array} \right) \Rightarrow P_{CB} = (P_{BC})^{-1} = \begin{pmatrix} 0 & -1 \\ 1 & 1 \end{pmatrix}$$

Finalmente, colocamos los valores en la ecuación:

$$P_{DC} \cdot M(f)_{BD} \cdot P_{CB} = M(f)_{CC} \Rightarrow \begin{pmatrix} 1 & 3 \\ -2 & 1 \end{pmatrix} \cdot \begin{pmatrix} 1 & 2 \\ -1 & 4 \end{pmatrix} \cdot \begin{pmatrix} 0 & -1 \\ 1 & 1 \end{pmatrix} = M(f)_{CC}$$

$$\begin{pmatrix} 1 \cdot 1 + 3 \cdot (-1) & 1 \cdot 2 + 3 \cdot 4 \\ -2 \cdot 1 + 1 \cdot (-1) & -2 \cdot 2 + 1 \cdot 4 \end{pmatrix} \cdot \begin{pmatrix} 0 & -1 \\ 1 & 1 \end{pmatrix} = M(f)_{CC}$$

$$\begin{pmatrix} -2 & 14 \\ -3 & 0 \end{pmatrix} \cdot \begin{pmatrix} 0 & -1 \\ 1 & 1 \end{pmatrix} = M(f)_{CC}$$

$$\begin{pmatrix} -2 \cdot 0 + 14 \cdot 1 & -2 \cdot (-1) + 14 \cdot 1 \\ -3 \cdot 0 + 0 \cdot 1 & -3 \cdot (-1) + 0 \cdot 1 \end{pmatrix} = M(f)_{CC}$$

$$\begin{pmatrix} 14 & 16 \\ 0 & 3 \end{pmatrix} = M(f)_{CC}$$